W0460752

Micha Meyer

Allergenarme Gourmet-Küche

schnell & einfach zubereitet ...

Impressum

Verlag	Michaela Meyer Fröhnstraße 2 · 66954 Pirmasens Telefon: 0 63 31 - 23 92 0-0 · Fax 0 63 31 - 23 92 0-17
Texte	Michaela Meyer
Rezepte	Michaela Meyer
Rezeptfotos	Ralf Fink · Fotostudio "Die Camera" · Pirmasens
Seiten & Umschlaglayout	Uwe Jörg · Gestaltungen · Pirmasens
Bildnachweis	Einzelaufnahmen Obst- und Gemüse: ccvision.de Illustrationen/Grafiken: ccvision.de
Druck	Prinz Druck · Idar-Oberstein
Auflage	1/2010

Alle Angaben ohne Gewähr
Printed in Germany

ISBN 978-3-00-031563-3

Über mein Buch ...

Mit meinem neuen Buch "Allergenarme Gourmetküche – mit Leichtigkeit genießen" ist ein umfangreiches, schnell wie einfach einsetzbares Koch- und Rezeptbuch mit über 200 leckeren Kreationen entstanden. Alle Rezepte sind für 2-4 Personen gedacht. Genuss, Lebensqualität und Kreativität standen im Vordergrund der Rezeptgestaltung. Allergenarme Rezepte füllen dieses Werk, bei denen auf Farb- und Konservierungsstoffe, Geschmacksverstärker, weißen Industriezucker, Hefen, Gluten, Kuhmilch-Eiweiß (außer den Pestos, - Seite 16 und 26 - die Parmesan enthalten), Hühnereier, stark histaminhaltige Lebensmittel, Süßstoffe, sowie häufig beobachtete Lebensmittelallergene verzichtet wurde oder Alternativen benannt oder verwendet wurden.

Frische, biologische wie vollwertige Zutaten standen bei der Entwicklung im Vordergrund. Neben den zahlreichen allergenarmen Rezepten wurden auch solche mit anti-entzündlichem Charakter (Verwendung von u.a. von Arganöl) und kohlenhydratreduzierte Kombinationsmöglichkeiten integriert.
Viele kreative und abwechslungsreiche Rezepte für die Zubereitung von Säften, Brot und Brötchen, Pasten, Aufstrichen, Soßen, Dips, Snacks, Salatdressings und Salaten, Suppen, Tofu und andere vegetarische Gerichte, glutenfreie Beilagen, Kartoffelgerichte, Fonds, Fisch- und Fleischgerichte, sowie Nachspeisen füllen mein Buch.

Ich wünsche allen Lesern viel Spaß und Freude beim Zubereiten meiner Rezepte.

Guten Appetit wünscht Ihnen Ihre

Straußen-Ei
Gänse-Ei
Puten-Ei
Wachtel-Ei

Man nehme ...

Straußen-Eier

Straußeneier haben ein Gewicht von etwa 1,2 – 1,9 kg. Diese Eier sind ein sehr guter Ersatz für Hühnereier. Ein Straußenei von einem Gewicht von 1,2 kg entspricht etwa 25 mittelgroßen Hühnereiern.

Wachtel-Eier

Wachteleier sind eine wirklich edle Delikatesse. Sie schmecken ähnlich wie ein Hühnerei und sind zum Backen und Braten hervorragend geeignet. Fünf Wachteleier entsprechen etwa einem großen Hühnerei.

Puten-Eier

Diese Eier sind etwa doppelt so groß wie ein Hühnerei. Sie können damit Rühreier oder hart gekochte Eier zubereiten.
Ein gut schmeckendes, hart gekochtes Ei benötigt ca. 9 Minuten. Zum Backen sind Puteneier eher nicht geeignet.

Gänse-Eier

Ein Gänseei entspricht ca. 4 Hühnereiern. Diese Eier schmecken sehr lecke und Sie können sie für alles verwenden: zum Backen, Kochen und Braten.

Mein Tipp:
Probieren Sie doch mal ein Rührei.
Es schmeckt sehr leicht
und sehr cremig.

Stutenmilch

ist eine perfekte und sehr gesunde Alternative zu Kuhmilch. Meistens wird diese unbehandelt zur Haltbarkeitsmachung gefroren oder gefriergetrocknet. Der Geschmack ist relativ neutral.
Die tiefgefrorene Milch bitte unmittelbar vor dem Gebrauch in lauwarmem Wasser auftauen.

Reismilch

Diese Milch ist eine rein pflanzliche Alternative zur Kuhmilch. Sie wird aus Reis hergestellt, ist etwas wässrig und schmeckt leicht süßlich. Sie können die Milch pur genießen, zu Müsli, für Milchshakes oder zum Kochen oder Backen verwenden.

Kokosmilch

Diese Milche wird hergestellt, in dem das Fruchtfleisch mit Wasser püriert wird und die Mischung dann durch ein Tuch ausgepresst wird. Ich verwende Kokosmilch entweder zum Pur-trinken oder für asiatische Gerichte.

Ziegenmilch

Ziegenmilch können Sie flüssig oder als Pulver kaufen. Die fertige Ziegenmilch schmeckt leicht süßlich, aromatisch aber leider auch etwas streng.
Ziegenmilchpulver, mit Wasser angerührt, schmeckt ähnlich wie Kuhmilch. Diese Milch können Sie sowohl für kalte und warme Speisen verwenden.

Mandelmilch

Diese Milch wird aus frisch gemahlenen und angerösteten Mandeln mit heißem Wasser durch mehrstündiges Ziehen hergestellt. Mandelmilch ist rein pflanzlich und kann sehr gut als Kuhmilchersatz für alle Gerichte verwendet werden.

Sojamilch

Sojamilch wird aus Sojabohnen hergestellt und ist ein rein pflanzliches Getränk. Die Verwendungsmöglichkeiten sind ähnlich wie bei der Kuhmilch. Warm schmeckt diese Milch sehr lecker.

Man nehme ...

Palmöl - Palmfett

Palmöl wird aus dem Fruchtfleisch der Ölpalme gewonnen. Es hat durch seinen hohen Carotingehalt eine leicht orange-rote Farbe und schmeckt leicht süßlich. Dieses Öl eignet sich zum Backen und zum Braten.

Kokosöl - Kokosfett

Dieses Öl besitzt einen sehr natürlichen und authentischen Geschmack. Kokosöl wird aus getrocknetem Kokosnussfleisch hergestellt. Sie können es zum Kochen, Braten, Backen und für verschiedene Desserts verwenden.

Mohnöl

Mohnöl wird aus dem Samen des Blaumohns überwiegend kalt gepresst gewonnen. Dieses Öl schmeckt hervorragend zu Salaten, Rohkostgerichten und Obstsalaten. Zum Braten, Kochen und Backen ist Mohnöl leider nicht geeignet.

Soja Cuisine

Soja Cuisine ist der rein pflanzliche Ersatz zu Sahne oder Creme fraiche. Allerdings kann diese Cuisine nicht aufgeschlagen werden. Ich verwende sie zum Kochen, zu Soßen, Suppen, Aufläufen, zu Gemüse oder Desserts.

Soja Sahne

Diese Sahne ist die rein pflanzliche Schag-"Sahne" auf Sojabasis. Diese können Sie wie Sahne aufschlagen und sehr gut für Desserts verwenden.

Arganöl

Das besondere Gourmet-Speiseöl. Es wird auch das flüssige Gold Marokkos genannt. Arganöl enthält 80% ungesättigte Fettsäuren und eignet sich hervorragend zum Kochen und Braten. Arganöl schmeckt leicht nussig, aber sehr lecker.

Tofu

Tofu wird aus weißen Sojabohnen hergestellt.Er kann als Quark verwendet werden, eignet sich sehr gut um Brotaufstriche herzustellen, schmeckt aber auch gebraten oder mariniert sehr lecker.

Frische Säfte

Dies sind nur ein paar wenige Rezepte, wie Sie frische Säfte selbst zubereiten können. Bitte achten Sie bei der Gemüse- und Früchteauswahl darauf, welche Sie davon verzehren dürfen und welche Geschmacksrichtungen sie bevorzugen.

Dann sind Ihrer Kreativität keine Grenzen gesetzt. Wenn Sie die Säfte etwas süßer haben möchten, empfehlen wir Birnendicksaft als Süßungsmittel. Auch setzen wir immer frische und biologische Zutaten voraus.

Karotten-Birnensaft

Zutaten

400 g Karotten
schälen und würfeln

1 Apfel schälen,
Kerngehäuse entfernen
und halbieren

2 Birnen schälen,
Kerngehäuse entfernen
und halbieren

Saft einer halben Zitrone

Alle Zutaten in den Entsafter geben und in einen Karaffe oder Gläser füllen.

Sellerie-Birnen-Saft

Zutaten

2 Birnen
schälen, entkernen
und halbieren

1 Selleriestange
putzen, waschen
und klein schneiden

etwas frischen
Zitronensaft

Alle Zutaten, außer dem Zitronensaft, in den Entsafter geben. Mit dem Zitronensaft abschmecken, in Gläser füllen und kühl genießen.

Gemüsesaft

Zutaten

2 Karotten
schälen und würfeln

1 Kohlrabi
schälen und würfeln)

1 Fleischtomate
kurz in heißem Wasser kochen, dann die Schale abziehen

2 Äpfel
schälen, entkernen und kleinschneiden

Alle Zutaten in den Entsafter geben.

Nach Belieben mit ein paar Spritzer Zitronensaft, Salz und Pfeffer verfeinern.

Powerjuice

Zutaten

1 rote Beete
schälen und würfeln

2 Karotten schälen und würfeln

1/2 Sellerieknolle
schälen und würfeln

2 Orangen schälen und vierteln

Saft einer halben Zitrone

2 EL Honig

Bitte alle Zutaten, außer dem Honig, in den Entsafter geben. Je nach Geschmack und Süße etwas Honig einrühren, in Gläser füllen und kalt genießen.

Ingwer-Karotten-Saft

Zutaten

4 Karotten (schälen und würfeln)

1 Ingwer - kleines Stück (schälen)

Die Karottenwürfel und den Ingwer in einen Entsafter geben. Den Saft in ein Glas füllen und genießen.

Kiwi-Apfel-Saft

Zutaten

4 Kiwis schälen und vierteln

2 Äpfel schälen, das Kerngehäuse entfernen und halbieren

Das Obst in den Entsafter geben.

Den Saft anschließend in Gläser füllen und mit Eiswürfeln servieren.

Backpulver-Brot

Zutaten

580 g	Mehl-Mix hell
70 g	Kastanienmehl
50 g	Hirse, fein gemahlen
50 g	Reisflocken
2 Päckchen	Weinsteinbackpulver
1 TL	Salz
500 ml	Sojamilch
200 ml	Wasser
75 g	Arganöl

Die Mehlsorten, die Reisflocken und das Backpulver in einer Schüssel mischen. Rühren Sie nun die Milch, das Wasser und das Öl ein, geben eine Prise Salz hinzu und verrühren die Mischung gut in einer Rührmaschine.
Zwischenzeitlich pinseln Sie bitte eine Kastenform mit etwas Öl ein, füllen den Teig hinein, streichen diesen auf der Oberfläche glatt und schneiden das Brot mit einem Messer längs ein. Das Brot zunächst bei 200°C ca. 20 Minuten Umluft backen, dann bei 160°C weitere 45 Minuten ausbacken.

Gemischte Brötchen

Zutaten

250 g	helles, glutenfreies Mehl (z.B. Hammermühle)
2 TL	Weinsteinbackpulver
1 TL	Salz
100 g	Sojaquark
6 EL	Sojamilch
4	Wachteleier
6 EL	Öl
	etwas Mohnsamen, Sesamsaat oder Sonnenblumenkerne zum Bestreuen

Das Mehl mit dem Backpulver in einer Schüssel mischen. In einer separaten Schüssel der Quark mit der Sojamilch, den Eiern und dem Öl gut verrühren. Geben Sie diese Masse nun zu der Mehlmischung dazu und kneten alles gut durch. Gerne können Sie auch eine Knetmaschine dafür benutzen. Sollte der Teig etwas zu klebrig sein, geben Sie einfach noch etwas Mehl dazu. Diesen nun in Frischhaltefolie einschlagen und im Kühlschrank 30 Minuten ruhen lassen.

Zwischenzeitlich den Backofen vorheizen. Aus dem Teig Brötchen formen und diese mit einem Messer über Kreuz einschneiden. Mit dem Sesam, Mohn oder den Sonnenblumenkernen bestreuen, leicht andrücken und auf einem mit Backpapier ausgelegten Backblech auslegen.
Die Brötchen im vorgeheizten Backofen bei 180°C Umluft ca. 20–25 Minuten ausbacken. Nach dem Backvorgang die Brötchen auf einem Backgitter auskühlen lassen.

Mein Tipp:
Wenn Sie das Brot zwischendurch mit etwas Öl einpinseln, so wird diese noch knuspriger.
Man kann das Brot auch wunderbar toasten.
Bitte bewahren Sie das Brot im Kühlschrank auf.
Gerne können Sie dieses auch portionsweise einfrieren.

Mein Tipp:
Alle Brote und Brötchen können je nach Verträglichkeit der Zutaten auch verändert werden, z.B. statt der getrockneten Tomaten, Oliven oder Zwiebeln beigeben.

Maisbrot
mit getrockneten Tomaten

Zutaten

400 g	Maismehl
200 g	Buchweizenmehl
1 Päckchen	Weinsteinbackpulver
1 TL	Natron
120 g	weiche Butter
300 ml	lauwarmes Wasser
20 g	getrocknete Tomaten klein hacken
6	Wachteleier trennen
1	Prise Salz
	nach Wunsch etwas Kümmel dazu geben

1 kleines Stück Butter für die Backform

Das Mehl mit dem Backpulver in einer Schüssel mischen, leicht salzen, nach Wunsch etwas Kümmel dazu geben.
Das Eigelb, die Butter und das Wasser zugeben und mit der Knetmaschine zu einem glatten Teig verkneten.
Das Eiweiß zwischenzeitlich in einer separaten Schüssel zu Eischnee schlagen. Diesen dann unter den Teig heben.
Bitte nicht mehr verrühren! Das Eiweiß darf nur untergehoben werden.
Den Teig nun in eine mit etwas Butter ausgestrichene Kastenform füllen und bei 180°C ca. 1 Stunde ausbacken.

Körnerbrot
mit Buchweizen

Zutaten

200 g	Buchweizenmehl
80 g	Maismehl
200 g	Sojaquark
4	Wachteleier
70 g	Sonnenblumenkerne
4 EL	Leinsamen
1 Päckchen	Weinsteinbackpulver
1 Prise	Salz

1 kleines Stück Butter für die Backform

Die Eier zusammen mit dem Quark zu einer cremigen Masse verrühren. Geben Sie nun alle restlichen Zutaten dazu und kneten Sie diesen Teig in einer Küchenmaschine zu einem etwas zähen Teig. Diesen abgedeckt ca. 10 Minuten ruhen lassen. Füllen Sie den Brotteig in eine mit etwas Butter ausgestrichene Kastenform und backen Sie das Brot bei 180°C ca. 45 Minuten (Umluft) aus.

Hirse-Mais-Brötchen

Zutaten

200 g	Maismehl
70 g	Hirsemehl
30 g	Johannesbrotkernmehl
3 Prisen	Natron
	etwas Wasser

Alle Zutaten mit einer Küchenmaschine zu einem geschmeidigen Teig verrühren. Geben Sie bitte immer mal wieder etwas Wasser dazu. Den Teig ca. 1 Stunde abgedeckt und bei Zimmertemperatur ruhen lassen. Den Backofen auf 180°C vorheizen.

Den Teig zu kleinen Brötchen formen (die Hände zwischendurch mit etwas Wasser anfeuchten, so klebt er nicht an den Händen). Die Brötchen mit einem scharfen Messer oben kreuzförmig einschneiden und diese auf ein mit Backpapier ausgelegtes Backblech legen.

Bei 200°C auf mittlerer Schiene ca. 15 - 17 Minuten ausbacken.

Pesto

Zutaten

40 g	Pinienkerne
1	Knoblauchzehe schälen, klein hacken
40 g	Parmesan
10	große und frische Basilikumblätter waschen
ca. 100 ml	Olivenöl

Die Pinienkerne zusammen mit dem Knoblauch und dem Parmesan mit Hilfe eines Mixers pürieren. Während des Pürierens die Basilikumblätter hinzugeben und langsam nach und nach das Olivenöl einlaufen lassen. Alle Zutaten so lange pürieren, bis ein cremiges Pesto entsteht. Dies können Sie dann in ein wiederverschließbares Glas füllen und im Kühlschrank aufbewahren.

Tomatenbutter

Zutaten

250 g	weiche Butter
3/4 Tube	Tomatenmark
1	Knoblauchzehe schälen und klein hacken
1 Prise	Salz
	etwas frisch gemahlenen Pfeffer

Die weiche Butter zusammen mit dem Tomatenmark zu einer cremigen Masse verrühren. Den Knoblauch dazu geben, kurz mit einem Mixer die Butter nochmal pürieren, mit den Gewürzen abschmecken. Einfrieren oder im Kühlschrank aufbewahren.

Avocado-Creme

Zutaten

2	reife Avocados halbieren, Steine entfernen und das Fruchtfleisch bitte sofort mit etwas Zitronensaft beträufeln
2	Frühlingszwiebeln schälen, klein hacken
1 TL	Koriander
	Saft einer kleinen Zitrone
4 EL	Soja Cuisine
1 Prise	Salz
	etwas frischen Pfeffer
1 Prise	Cayennepfeffer
2 EL	Olivenöl

Die Zwiebeln, das Öl und das Avocadofleisch mit einem Mixer in einer Schüssel pürieren. Langsam nach und nach das Soja Cuisine dazu-geben, bis eine cremige Masse entsteht. Die Creme mit den Gewürzen deftig abschmecken.

Radieschen-Creme

Zutaten

2 Bund	Radieschen putzen, waschen, klein hacken
1 EL	Reis- oder Sojamilch
100 g	Sojaquark
1 EL	Zitronensaft
	Etwas frischen Schnittlauch waschen, klein hacken

Die Radieschen zusammen mit der Milch und dem Quark cremig pürieren. Zitronensaft dazugeben und gut vermischen. Die Creme mit Salz, Pfeffer und dem Schnittlauch abschmecken und kalt stellen.

Marc's Schafskäse nach griechischer Art

Zutaten

100 g Schafskäse
1/4 grüne Peperoni
klein hacken
5 schwarze Oliven
ohne Stein, klein hacken
4 grüne Oliven
ohne Stein, klein hacken
1 EL Sojacuisine
etwas frischen Pfeffer aus der Mühle
1/4 Zwiebel
schälen, klein hacken
2 getrocknete Tomaten
klein hacken
1 Knoblauchzehe
schälen, klein hacken

Alle Zutaten in eine Schüssel geben und mit einem Pürierstab cremig schlagen.
Den Aufstrich in Schälchen füllen, mit Glassichtfolie abdecken, kalt stellen und auf frischem Brot genießen.

Karotten-Nuss-Aufstrich

Zutaten

100 g Karotten schälen und fein raspeln
40 g Haselnüsse fein mahlen
80 g weiche Butter
1 Prise Curry
etwas frischen Pfeffer
etwas frisch geriebenen Ingwer
1 Prise Salz

Die Karottenraspel und die gemahlenen Nüsse unter die Butter geben und mit Hilfe eines Mixers pürieren. Mit den Gewürzen abschmecken, in Schälchen füllen und kalt stellen.

Karotten-Apfel-Aufstrich

Zutaten	
1	Karotte schälen, waschen, fein raspeln
	1 säuerlicher Apfel schälen, entkernen, vierteln
1 EL	Zitronensaft
100 g	Sojaquark
1 Prise	Salz
	etwas frischen Pfeffer
	etwas frische Blattpetersilie waschen, klein hacken

Die Karottenraspeln und die Apfelstückchen mit etwas Zitronensaft beträufeln und diese mit einem Pürierstab gut pürieren. Den Quark einrühren, mit Salz und Pfeffer würzen und umrühren.

Den Aufstrich in ein Schälchen umfüllen und mit der kleingehackten Petersilie bestreuen.

Linsen-Aufstrich

Zutaten	
500 ml	Gemüsebrühe
300 g	rote Linsen
50 g	Butter
2 EL	Tomatenmarkt
2 TL	Kreuzkümmel
1 Prise	Salz
	etwas frischen Pfeffer
	etwas frischen Koriander
1 EL	Arganöl

Hält ca. 1 Woche in einem wiederverschließbaren Gefäß im Kühlschrank.

Die Linsen zusammen mit dem Kümmel ca. 20-25 Minuten in der Gemüsebrühe gar kochen. Etwas abkühlen lassen und pürieren. Die Butter, das Öl und das Tomatenmark einrühren und nochmals pürieren.

Mit Salz, Pfeffer und dem Koriander abschmecken.

Mein Tipp: Passt hervorragend zu Pellkartoffeln

Schafskäse-Oliven-Dip

- 150 g Schafskäse
- 8 schwarze Oliven ohne Stein, klein hacken
- 1 Knoblauchzehe schälen, klein hacken
- 2 EL Sojacuisine
- 2 EL Arganöl

Bitte alle Zutaten mit einem Pürierstab cremig pürieren, kühl stellen und genießen.

Schwarze Olivenpaste

- 100 g schwarze Oliven, ohne Stein klein hacken
- 1 EL Kapern
- 1 EL Pinienkerne Schale entfernen, hacken
- 1 EL Tomatenmark
- 3 EL Arganöl
- etwas frisch gemahlenen Pfeffer aus der Mühle

Alle Zutaten mit einem Mixstab cremig pürieren. Mit frischem Pfeffer abschmecken, in Schälchen füllen und servieren. Passt als Brotaufstrich, zu Gemüsesticks oder zu Kartoffeln.

Tofu-Aufstrich

- 200 g Tofu
- 10 getrocknete Tomaten klein hacken
- 1 Knoblauchzehe schälen, klein hacken
- 50 g Tomatenmark
- 1 EL Olivenöl, kalt gepresst
- 1 Prise Salz
- etwas frisch gemahlenen Pfeffer
- etwas frischen Basilikum waschen

Zuerst den Tofu mit einem Pürierstab mixen, dann die getrockneten Tomaten zugeben und gut pürieren. Anschließend die restlichen Zutaten zufügen und gut mischen.

Mandel-Nuss-Soße

Zutaten

1 EL	Mandelmus oder Nussmus
3 EL	Wasser
1 TL	Olivenöl, kaltgepresst
1 EL	Zitronensaft
	etwas frische Kräuter z.B. Petersilie, Schnittlauch oder Kerbel (waschen und klein hacken)

Das Mandel- oder Nussmus mit dem Wasser glatt rühren, das Öl und den Zitronensaft dazugeben und mit den frischen Kräutern abschmecken.

Oliven-Kräuter-Soße

Zutaten

6	grüne Oliven ohne Stein, fein hacken
1 TL	grüne Pfefferkörner mahlen
1 Zehe	Knoblauch schälen, fein hacken
4 Blätter	Basilikum waschen
	etwas frische Blattpetersilie waschen
1	kleine Zwiebel schälen, fein hacken
3 EL	Arganöl
	etwas frischen Zitronensaft
1	Prise Salz

Alle Zutaten mit Hilfe eines Pürierstabes gut mischen, mit Salz abschmecken und zu Kalbfleisch oder Fisch genießen.

Bärlauchbutter

Zutaten

250 g	weiche Butter
ca. 10 Blätter	frischen Bärlauch waschen und klein schneiden
1 TL	Cayennepfeffer
1 TL	ungarisches Paprikapulver
1 TL	Salz
	Etwas frisch gemahlenen schwarzen Pfeffer

Die Butter mit allen anderen Zutaten in eine Schüssel geben und alles gut mit einem Löffel verrühren.
In Schälchen füllen und kalt stellen oder einfrieren.

Mein Tipp: Die Bärlauchbutter schmeckt sowohl zu Fisch als auch zu Fleisch - oder als Dip servieren.

Oliven-Kräuterbutter

100 g	weiche Butter
10	grüne Oliven ohne Stein, klein hacken
1 EL	Kapern
1	Knoblauchzehe schälen, zerdrücken
	etwas frische Petersilie waschen, klein hacken
	etwas frischen Basilikum waschen, klein hacken
1 Prise	Salz
	etwas frischen Pfeffer

Die Oliven, Kapern, den zerdrücken Knoblauch und die Kräuter in die weiche Butter einrühren und alles gut miteinander vermengen. Mit Salz und etwas Pfeffer abschmecken. Die Oliven-Kräuter-Butter können Sie in kleine Förmchen füllen und kalt stellen.
Gerne auch einfrieren.

Basilikum-Chili-Butter

250 g	weiche Butter
10 Blätter	Basilikum waschen, klein schneiden
1/2	Knoblauchzehe schälen und klein schneiden
1/2	Chilischote Kerne entfernen und klein hacken
1 TL	Salz
	etwas frisch gemahlenen Pfeffer

Die weiche Butter mit dem Basilikum, dem Knoblauch und der Chilischote in eine Schüssel geben und mit einem Mixer pürieren. Mit den Gewürzen abschmecken und entweder einfrieren oder in den Kühlschrank stellen.

Tomaten-Rucola-Butter

250 g	weiche Butter
5 EL	klein gehackter Rucola
8	getrocknete Tomaten klein schneiden
1 TL	Salz
	etwas Pfeffer aus der Mühle

Die weiche Butter in eine Schüssel geben, den Rucola und die klein geschnittenen Tomaten dazu geben und alles mit einem Mixer pürieren. Mit Salz und Pfeffer abschmecken und entweder in Glassichtfolie einrollen und einfrieren oder in kleine Gefäße geben und in den Kühlschrank stellen.

Bärlauchpesto
mit Pinienkernen

für 200g Nudeln

60 g	Pinienkerne
50 g	Parmesan (gerieben)
10	große Bärlauchblätter waschen, Stiele abschneiden
ca. 100 ml	Olivenöl
1 Prise	Salz
	etwas frisch gemahlenen Pfeffer

Die Pinienkerne zusammen mit dem Parmesan, mit Hilfe eines Mixers, pürieren. Währenddessen langsam das Öl einlaufen lassen. Die Bärlauchblätter dazugeben und zu einem Pesto verarbeiten. Mit etwas Salz und Pfeffer abschmecken und über die Nudeln geben.
Gut vermischen und auf einem Teller anrichten.

Mango Sauce

Leicht Scharfes von der Mango

Zutaten

2	reife Mango schälen, würfeln
2	rote Chilischoten klein hacken
1 Zehe	Knoblauch schälen, fein hacken
1 Prise	Salz
	etwas frisch gemahlenen Pfeffer
	etwas Arganöl

Den klein gehackten Knoblauch und die Chilischote mit etwas Öl in einer Pfanne ganz kurz anschwitzen. Die Mangowürfel dazu geben und umrühren. Nach ca. 2 Minuten den Herd abschalten und mit dem Pürierstab alles gut cremig schlagen. Das Mus mit etwas Salz und frischem Pfeffer abschmecken.
Die Sauce passt sehr gut zu Fisch und eignet sich hervorragend auch als Grillsoße.

Kirschtomaten Mozzarella-Sticks

Zutaten

12	Kirschtomaten waschen
12 kleine	Büffel-Mozzarella-Bällchen
3 EL	Olivenöl
12 kleine	Basilikumblätter waschen
1 Prise	Salz
	etwas frisch gemahlenen Pfeffer

Mischen Sie das Olivenöl mit etwas Salz und Pfeffer und rühren Sie dies gut um. Bitte zur Seite stellen. Spießen Sie die Tomaten, den Mozzarella und das Basilikum dekorativ auf Holzstäbchen. Dazu eignen sich hervorragend Zahnstocher.

Mein Tipp ...
Legen Sie die Spiesse für ca. 1 Minute in die Marinade, herausnehmen und auf einer Platte anrichten.

Gemüsesticks mit Dip

Zutaten

3 Karotten
schälen und in etwas dickere Streifen schneiden

1 Salatgurke
schälen, halbieren und in dickere Streifen schneiden

2 Selleriestangen
schälen, halbieren und in dickere Streifen schneiden

8 Radieschen
putzen und waschen

Die Gemüsesticks dekorativ in Gläser füllen, die Radieschen auf einem kleinen Teller oder in Schälchen anrichten und den Dip dazu reichen.
Ich empfehle als Dip dazu die Avocadocreme oder gerne auch den lecker schmeckenden Schafskäseaufstrich nach griechischer Art.

Mini-Pizzen vom Buchweizen

Zutaten für den Teig

80 g	Buchweizen
1/4	Weinsteinbackpulver
1 Prise	Salz
2	Wachteleier (trennen)
80 ml	Reis oder Sojamilch

Zutaten für den Belag

1	Aubergine waschen, klein hacken
100 g	Oliven klein hacken
200 g	passierte Tomaten mit Fruchtfleisch
1 Prise	Salz
	etwas frischen Pfeffer
100 g	Büffelmozzarella abschütten und in kleine Würfel schneiden
1 EL	Arganöl

Eigelbe mit der Milch gut verrühren. Mehl, Salz und Backpulver in eine separate Schüssel geben, gut verrühren und anschließend die Eigelb-Milchmischung langsam einlaufen lassen und gut zu einem glatten Teig vermengen.
Das Eiweiß steif schlagen und unter den Teig heben.
Gehäufte Teelöffel Teig einzeln in eine mit Öl ausgestrichene Teflonpfanne geben und langsam von beiden Seiten goldgelb ausbacken. Herausnehmen und auf einem Kuchengitter auskühlen lassen.

Das klein gehackte Gemüse in einer Pfanne mit dem Öl anschwitzen, würzen und zur Seite stellen. Die Pizzen mit dem Tomaten-Fruchtfleisch bestreichen, etwas salzen und pfeffern. Dann das Gemüse darauf verteilen, den gewürfelten Mozzarella darüber streuen und auf einem mit Backpapier ausgelegten Backblech im vorgeheizten Backofen bei 200° C Umluft so lange backen, bis der Käse geschmolzen ist.
Auf einer Platte anrichten und warm servieren.

Gefüllte Maismehlcrêpes

Zutaten für die Crêpes

100 g	Maismehl
4	Wachteleier (trennen)
0,25 l	Soja oder Reismilch
1 Prise	Salz
1 EL	Rucola
1 EL	Schnittlauch
1 EL	zerlassene Butter

Zutaten für die Füllung

150 g	Sojacuisine
3 EL	fein gehackter Rucola
1 EL	geriebener Parmesan
1 TL	Salz
	etwas frisch gemahlenen Pfeffer
1 TL	Muskat
1	kleines Stück Butter zum Ausbacken

Das Mehl, die Eigelbe, Salz, die Milch, Butter und die Kräuter in den Mixer geben und gut rühren. Zwischenzeitlich das Eiweiß zu Schnee schlagen und dieses unter den Teig heben. Bitte stellen Sie den Teig für ca. 25 Minuten abgedeckt in den Kühlschrank.

Sojacuisine, Rucola und den Parmesan in einer Schüssel gut verrühren und mit den Gewürzen abschmecken.

Geben Sie etwas Butter in eine Teflonpfanne und lassen diese aus. Mit Hilfe einer kleinen Schöpfkelle den Teig in die Pfanne geben. Die Pfanne mit dem Teig ausschwenken.
Backen Sie die Crêpes von beiden Seiten goldgelb aus.
Diese dann auf einem Kuchengitter auskühlen lassen.
Steichen Sie die Füllung gleichmäßig auf die Crêpes und rollen diese fest zusammen. Wickeln Sie die Crêpes einzeln in Frischhaltefolie und stellen diese für ca. 45 Minuten in den Kühlschrank. Die Crêpes werden dann mit einem scharfen Messer halbiert, anschließend die Folie abziehen und servieren.

Reis-Saatenbrot
mit Thunfisch-Tomaten-Creme

Zutaten

5 Scheiben	Reis-Saatenbrot Siehe Bezugsquelle: "Via Sana"
1 Dose	Thunfisch Öl abschütten
1	Tomate waschen, klein schneiden
1 EL	Sojacuisine
1 TL	Salz

Alle Zutaten in eine Schüssel geben und mit einer Gabel zerdrücken.

Das Brot mit einem runden Förmchen ausstechen und abwechselnd mit der Thunfisch-Creme besteichen, übereinander stapeln und auf einem Teller servieren.

Rucola Sandwiches

Zutaten	
1/2 Bund	Rucola waschen, grob zerkleinern
1/4	Salatgurke schälen, in Scheiben schneiden
6 Scheiben	Reis-Saatenbrot
3 EL	Ziegenfrischkäse
1 EL	Meerrettich

Den Meerrettich und den Ziegenfrischkäse in einer Schüssel mischen. Die Brotscheiben für 10 Minuten im Backofen auf dem Rost backen. Auf 3 Scheiben Saaten-Reisbrot den Meerrettichkäse verstreichen und mit dem Rucola und den Gurkenscheiben belegen. Mit den anderen Brothälften bedecken, zusammendrücken und diagonal durchschneiden.

Teff-Brot

Zutaten	
6 Scheiben	Teff-Brot Siehe Bezugsquelle: "Via Sana"

Brot mit der Bärlauchbutter bestreichen, diagonal halbieren und anrichten.

Champignon Cremesuppe

Zutaten

400 g	frische weiße Champignons waschen, Stiel entfernen und klein schneiden
500 ml	Gemüsebrühe
200 ml	Sojasahne
2 EL	Butter
1 TL	Salz
	etwas frisch gemahlenen Pfeffer
1 EL	Palmöl

Die Champignons in einem Topf mit etwas Palmöl anbraten und mit der Gemüsebrühe auffüllen.
Etwa 30 Minuten köcheln lassen, bis die Gemüsebrühe sich auf ca. 300 ml reduziert hat.
Dann die Suppe mit einem Mixer pürieren, die Sojasahne einrühren, die Butter dazugeben und mit Salz und Pfeffer würzen und heiß genießen.

Blumenkohl-Suppe

Zutaten

1	Blumenkohl in Röschen teilen und waschen
3/4 l	Gemüsebrühe
100 ml	Sojasahne
60 g	Hirsemehl
1 TL	Salz
	etwas frisch gemahlenen Pfeffer
1 EL	gehackte Petersilie

Die Blumenkohlröschen in der Gemüsebrühe gar kochen, dann die Röschen entnehmen und zur Seite stellen.
In einem anderen Topf zwischenzeitlich die Butter zerlaufen lassen und das Hirsemehl einrühren (Vorsicht, dass das Mehl nicht klumpt).
Wenn das Hirsemehl eine leicht bräunliche Farbe angenommen hat, füllen Sie unter ständigem Rühren die Gemüsebrühe ein. Leicht köcheln lassen und die Sojasahne dazugeben. Gut verrühren. Die Suppe mit Salz und Pfeffer abschmecken und die Blumenkohlröschen dazu geben. Nach weiteren 5 Minuten die Suppe mit etwas frischer, gehackter Petersilie dekoriert anrichten.

Brokkoli-Cremesuppe

Zutaten

500 g	Brokkoli in Röschen teilen, waschen
1	Zwiebel schälen, hacken
1	Stange Lauch waschen, würfeln
500 ml	Gemüsebrühe
1 Prise	Salz
1 Prise	Muskat
	etwas frisch gemahlenen Pfeffer

Die Brokkoliröschen in der Gemüsebrühe gar kochen.
Die Zwiebeln und den Lauch dazu geben und weitere 15 Minuten leise köcheln lassen.
Die Suppe mit einem Mixer cremig schlagen.
Mit Salz, Muskat und Pfeffer abschmecken.

Mein Tipp ...
Die Brokkolisuppe schmeckt auch mit ein paar angerösteten Pinienkernen sehr fein.

Kräftige Rindfleisch-Suppe

Zutaten

500 ml	Rinderfond
300 g	Rindfleisch zum Kochen
2	Karotten schälen, in Scheiben schneiden
1	Zucchini waschen, würfeln
1	Zwiebel schälen und vierteln
	etwas frischen Pfeffer aus der Mühle
2 TL	Salz

Das Rindfleisch im Fond gar kochen.
Wenn das Fleisch gar ist aus dem Fond nehmen und in kleine Würfel schneiden. Dieses zur Seite stellen.
Das Gemüse in den Fond geben und ca. 15 Minuten leicht köcheln lassen. Dann noch das gewürfelte Fleisch dazu geben und weitere 10 Minuten sieden lassen.
Zum Schluss mit Salz und Pfeffer abschmecken.

Spargelcremesüppchen mit Krabben

Zutaten

400 g	weißen Spargel schälen und die holzigen Enden abschneiden
350 ml	Gemüsefond
80 g	frische Krabben
1 EL	frisch gehackten Dill
100 ml	Sojasahne
1 TL	Salz
	etwas frischen Pfeffer aus der Mühle
3 EL	Sojacuisine

Den Gemüsefond in einem Topf erhitzen. Schneiden Sie zwischenzeitlich die Spargelspitzen ab und legen diese zur Seite.
Die restlichen Hälften vom Spargel in kleine Stücke schneiden und diese in den Gemüsefond geben. Etwa 20 Minuten köcheln lassen. Den Spargel nach der Kochzeit mit dem Fond pürieren (dies geht am besten mit einem Pürierstab). Geben Sie nun die Sojasahne dazu und lassen die Suppe so lange weiter köcheln, bis sich diese zur Hälfte reduziert hat. Schmecken Sie dann die Suppe mit den Gewürzen ab, geben die Krabben und die Spargelspitzen dazu und lassen Sie die Suppe weitere 10 Minuten leise köcheln.
Zum Schluss die Sojacuisine schonend einrühren und auf tiefen Tellern anrichten. Den Dill darüber streuen und heiß servieren.

Zutaten	
500 g	frischen Mangold putzen und waschen
1 Stange	Lauch putzen und in Streifen schneiden
2	Kartoffeln schälen und würfeln
1 l	Wasser
2 TL	Salz
1 EL	gehackter Kerbel
1 EL	gehackte Petersilie
3 EL	Sojasahne

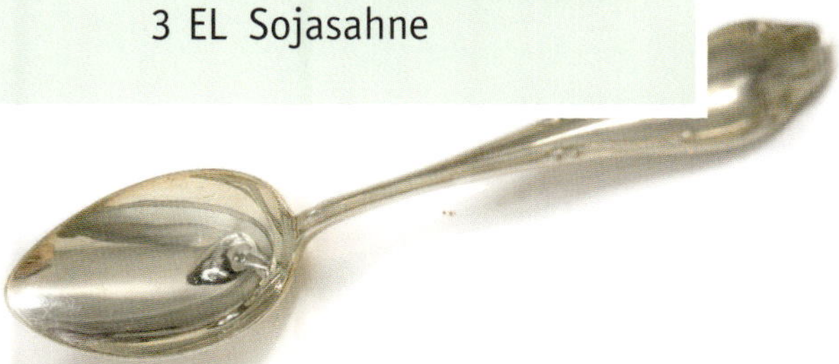

Grüne Suppe

Die Kartoffeln in Wasser weich kochen und abschütten.
Das Gemüse im Wasser gar kochen. Das Gemüsewasser bis auf 1/2 Liter abschütten. Geben Sie nun die Kartoffeln, das Gemüse und 1/4 Liter Gemüsewasser in einen Topf und pürieren alles gut. Das restliche Gemüsewasser dazugeben und nochmals ca. 10 Minuten leicht köcheln lassen.
Die Suppe mit Salz abschmecken, die Kräuter und die Sojasahne dazugeben, gut verrühren und heiß servieren.

Zucchini-Suppe

Zutaten

6	Zucchini
1/2 l	Gemüsefond
1 Prise	Salz
2 EL	Soja Cuisine
1 EL	Blattpetersilie

Die Zucchini waschen, würfeln und in der Gemüsebrühe gar kochen. Mit einem Mixer im Topf pürieren, die Cuisine einrühren, nochmal kurz aufköcheln lassen und eventuell mit etwas Salz nachwürzen.

In Schüsselchen oder Suppentellern verteilen, mit der Petersilie bestreuen und servieren.

Zutaten

1/2 Liter	Wasser
300 ml	Kokosmilch
150 g	Shrimps
2	Tomaten waschen, klein schneiden
1	Knoblauchzehe abziehen, klein schneiden
1	rote Zwiebel schälen, klein schneiden
2 Stangen	Zitronengras schälen und würfeln
	Saft einer Limone
1 g	geriebener Ingwer
2	Lorbeerblätter
1 TL	Kreuzkümmel
1 TL	Koriander
1 TL	Chilipulver
1 TL	Salz
1/2	kleine Chilischote Kerne entfernen, klein hacken

Thailändische Kokossuppe

Alle Zutaten, außer den Shrimps, dem Salz und der kleingehackten Chilischote, in einen Topf geben und ca. 45 Minuten leise köcheln lassen. Nach dem Kochvorgang die Suppe durch ein feines Sieb in einen anderen Topf gießen.
Die Suppe dann nochmals ca. 10 Minuten unter Zugabe der Shrimps köcheln lcssen. Mit Sclz abschmecken, in Schälchen füllen, die kleingehackte Chilischote darüber verteilen und heiß servieren. Bon appétit!

TomatenSuppe

Zutaten

500 g	Tomaten waschen, vierteln
1	Zwiebel schälen, würfeln
250 ml	Gemüsebrühe
2 EL	Tomatenmark
100 ml	Sojasahne
1 EL	gehackten Schnittlauch
1 TL	Salz
	etwas frisch gemahlenen Pfeffer

Die Gemüsebrühe in einem Topf zum Kochen bringen. Geben Sie die Tomaten dazu und lassen dies ca. 25 Minuten köcheln. Alles durch ein Sieb in einen anderen Topf passieren und nochmals 10 Minuten köcheln lassen. Dann rühren Sie das Tomatenmark und die Sahne ein, schmecken mit Salz und Pfeffer ab, schäumen die Tomatensuppe mit einem Pürierstab auf, streuen den Schnittlauch darüber und lassen sich die Suppe gut schmecken.

Gulaschsuppe nach ungarischer Art

Zutaten

500 g Rindfleisch zum Braten
klein würfeln

1 rote Paprikaschote
säubern, klein würfeln

1 grüne Paprikaschote
säubern, klein würfeln

3 EL Tomatenmark

1 Zwiebel schälen, klein würfeln

3 Kartoffeln
schälen, waschen, klein würfeln

1 Prise Salz

1 Chili-Schote
Kerne entfernen, klein schneiden

etwas frisch gemahlenen Pfeffer

1 EL Palmöl

1 l Rinderfond

Die Zwiebeln und das Fleisch in einer Pfanne mit dem Öl scharf anbraten, die Paprikawürfel dazugeben und mit dem Fond auffüllen. Die Suppe mindestens 1 Stunde köcheln lassen. Nun die Kartoffeln dazugeben und weitere 15 Minuten köcheln lassen. Mit dem Tomatenmark, den Gewürzen und der klein geschnittenen Chilischote würzen und heiß servieren.

Rote PaprikaCremesuppe

4	rote Paprikaschoten waschen, Kerne entfernen, würfeln
1	Knoblauchzehe abziehen, fein hacken
1/2 l	Gemüsebrühe
2 EL	Tomatenmarkt
1 EL	Arganöl
1/4 Becher	Sojasahne
1 Prise	Salz
1 Prise	Paprikapulver scharf
	etwas frischen Pfeffer aus der Mühle
30 g	Butter

Die gewürfelten Paprika in einem Topf mit etwas Öl anbraten. Den gehackten Knoblauch dazugeben, umrühren, mit der Gemüsebrühe auffüllen und etwa 30 Minuten leise köcheln lassen. Anschließend die Suppe durch ein feines Sieb in einen anderen Topf füllen. Die im Sieb zurückgebliebenen Paprika in ein Gefäß geben und mit einem Mixer cremig schlagen. Die Paprikacreme nun in den Paprika-Gemüsefond geben und weitere 30 Minuten leicht köcheln lassen. Dann schalten Sie den Herd ab, rühren die Sojasahne, das Tomatenmark und die Butter ein und schmecken die Suppe mit den Gewürzen ab. Servieren Sie die Suppe in schönen großen Suppentellern.

Rote Bohnensuppe

Zutaten

1 l	Gemüsebrühe
250 g	weiße Bohnen
1 Bund	Suppengrün schälen und würfeln
1	Zwiebel schälen und würfeln
2 TL	Paprikapulver scharf
3 EL	Tomatenmarkt
1 TL	Salz
1/4 l	Sojasahne

Die Bohnen über Nacht in der Gemüsebrühe einweichen.
Am nächsten Tag die Bohnen mit der Brühe in einem Topf ca. 45 Minuten köcheln lassen. Nach den 45 Minuten das Gemüse dazugeben und weitere 20 Minuten köcheln.
Die Suppe mit dem Paprikapulver und dem Salz abschmecken, die Sahne und das Tomatenmark einrühren. Fertig.

Knackiger Sommersalat mit Putenstreifen

Zutaten

100 g Feldsalat putzen, waschen
100 g Eisbergsalat putzen, waschen, klein schneiden
100 g Friseesalat putzen, waschen, klein zupfen
2 große Tomaten waschen, klein schneiden
1/4 Salatgurke schälen, in Scheiben hobeln
2 EL Zitronensaft
1 EL Rosmarinöl
1 TL Salz
etwas frisch gemahlenen Pfeffer

2 Putenschnitzel waschen, trocken tupfen, in Streifen schneiden
1 EL Arganöl

Die Putenstreifen in einer beschichteten Pfanne mit dem Öl von allen Seiten anbraten.
Den grünen Salat, die Tomaten und Gurkenscheiben in einer Schüssel mischen und mit dem Zitronensaft, dem Rosmarinöl, Salz und Pfeffer abschmecken. Alles gut vermengen.
Den Salat auf Tellern verteilen, das angebratene Putenfleisch darauf anrichten und servieren.
Dazu passt ein Stück Brot oder eine Backkartoffel.

Gurken-Salat
mit Mais

Zutaten

2 Maiskolben
1 Salatgurke
waschen und raspeln
2 EL Sojasahne
1 EL Obstessig
1 EL gehackten Dill
1 TL Senf
1 TL Salz
etwas frischen
Pfeffer aus der Mühle

Den Mais vom Kolben lösen und in etwas Wasser ca. 5 Minuten köcheln. Wasser abschütten und den Mais in eine kleine Servierschüssel geben. Die geraspelte Gurke, die Sojasahne, den Dill, Senf und den Obstessig dazugeben, gut vermischen und mit Salz und Pfeffer abschmecken.

Rucola-Salat
mit Mango

Zutaten

150	Rucolasalat waschen und in mundgerechte Stücke zupfen
2 EL	Balsamicoessig
1 EL	Wasser
2 TL	Honig
1 TL	Salz
	etwas frischen Pfeffer aus der Mühle

Eine Mango halbieren, den Stein entfernen, schälen und in gleichmäßige Streifen schneiden.

Den Rucola auf Tellern verteilen. Balsamico, Wasser, Honig, Salz und etwas Pfeffer in einer Schüssel gut verrühren und über den Salat geben. Die Mangostreifen auf dem Salat anrichten und genießen.

Linsen Salat

Die Linsen in kochendem Salzwasser al-dente kochen, abschütten und gut abtropfen lassen. Die klein geschnittenen Tomaten, den Balsamico, die Zwiebeln und die fein gehackte Petersilie unter die Linsen geben und gut vermischen. Den Linsensalat mit Salz und dem frischen Pfeffer abschmecken, ca. 20 Minuten ziehen lassen, dann dekorativ auf Tellern anrichten

Zutaten

100 g	Linsen
3	feste Tomaten waschen und klein schneiden
2	Frühlingszwiebeln schälen und klein hacken
2 EL	Blattpetersilie waschen, fein hacken
2 EL	Balsamico dunkel
1 Prise	Salz
	etwas frischen Pfeffer

Reis Salat

Zutaten

2 Tassen	Vollkornreis
1	rote Paprikaschote waschen, entkernen und klein schneiden
40 g	Erbsen (gefroren)
1/2	Zucchini waschen, klein schneiden
1 TL	Salz
1 EL	Olivenöl, kaltgepresst
1 EL	Wasser
	etwas Zitronensaft

Den Reis in Salzwasser bissfest kochen, abschütten und abtropfen lassen. Den Reis mit den Erbsen, den Paprikawürfeln, den Zucchinis in einer Schüssel gut verrühren. Öl, Zitronensaft und Wasser dazugeben, mischen und mit Salz würzen.

Glasnudel-Salat

Zutaten

200 g	Glasnudeln
1	rote Zwiebel schälen und in dünne Ringe schneiden
1	rote Paprika säubern, waschen, kleine Würfel schneiden
1 EL	Sojasoße
2 TL	Sesamkörner
1 EL	Sesamöl
1 TL	Salz

Die Nudeln ca. 5 Minuten mit heißem Wasser übergießen, bis sie weich sind. Dann das Wasser abschütten und die Nudeln in eine Schüssel geben. Die Paprikawürfel und die Zwiebelringe mit den Nudeln gut vermischen. Die Sojasoße, die Sesamkörner, das Sesamöl und das Salz verrühren, über die Nudeln geben und untermengen.

Algensalat

Zutaten

100 g	Wakame Algen
2 EL	Sojasoße
3 EL	Reisessig
4 EL	Sesamöl
1 TL	Salz
	etwas frischen Pfeffer aus der Mühle
1 EL	weiße Sesamsamen

Die Wakame Algen mit heißem Wasser aufgießen, ca. 10 Minuten ziehen lassen, abschütten und in eine Schüssel geben.

Zwischenzeitlich das Dressing vorbereiten. Alle restlichen Zutaten, außer dem Sesamsamen, in einer Schüssel gut verrühren. Dann die Algen auf Tellern anrichten, das Dressing darüber geben und zum Schluss den Sesamsamen darüber streuen.

Zucchini Salat

Zutaten

2	Zucchini waschen und raspeln
1 TL	Olivenöl, kaltgepresst
1 EL	gehackte Petersilie
1 TL	Salz
1 EL	Obstessig
	etwas frischen Pfeffer aus der Mühle

Alle Zutaten vermischen und kühl servieren.

Bohnensalat
mit Thunfisch

Zutaten

300 g	Prinzessbohnen
2	kl. Frühlingszwiebeln schälen, fein hacken
1 EL	Weißweinessig
	etwas frisches Bohnenkraut
1 TL	Salz
	etwas frischen Pfeffer aus der Mühle
1 Dose	Thunfisch in Öl bis auf 2 EL Öl abschütten

Die Prinzessbohnen in Salzwasser bissfest kochen, abschütten und abtropfen lassen. Diese in eine Servierschüssel geben. Die Zwiebeln, das Bohnenkraut, den Essig und den Thunfisch dazu geben, gut vermengen und mit Salz und Pfeffer abschmecken.

Mein Tipp:

Der Bohnensalat schmeckt noch besser, wenn Sie ihn abgedeckt noch mindestens 2 Stunden bei Zimmertemperatur ziehen lassen.

Marktsalat

mit pikantem **Ziegenkäse-Hippe**

Zutaten

300 g	gemischter Marktsalat waschen, zurechtzupfen und trocken schleudern
1 EL	weißer Balsamico
1 EL	Zitronensaft
1 TL	Senf
2 EL	Wasser
2 EL	Olivenöl, kaltgepresst
2 TL	Honig
1 TL	Salz
	etwas frisch gemahlenen Pfeffer
2 Scheiben	Ziegenkäserolle ca. 2 cm dick
1 kleines	Stück Butter

Den Balsamico, Zitronensaft, das Wasser, Senf und das Olivenöl in einem Mixer gut verrühren. Zum Schluss noch den Honig einrühren und mit Salz und Pfeffer abschmecken. Pinseln Sie eine Teflonpfanne mit etwas Butter aus und backen darin den Ziegenkäse. Wenn der Käse völlig in der Pfanne zerlaufen ist, solange weiter anbraten bis er eine goldgelbe Farbe angenommen hat und fest (knusprig) geworden ist. Etwas abkühlen lassen und zu einer dekorativen Form rollen.
Geben Sie das Dressing unter den Salat, verteilen Sie diesen auf Tellern und dekorieren die Ziegenkäse Hippe auf dem Salat.

Mein Tipp: Dieser Salat schmeckt auch sehr lecker, wenn Sie diesen mit ein paar Birnenschnitzen anrichten.

Paprikasalat

Alle Zutaten in einer Schüssel gut vermengen und ca. 30 Minuten abgedeckt ziehen lassen.

Mein Tipp ...
Der Paprikasalat passt sehr gut im Sommer zu gegrilltem Fleisch oder Fisch

Zutaten

- 1 grüne Paprikaschote
- 1 rote Paprikaschote
- 1 gelbe Paprikaschote
  Paprika waschen, entkernen und in dünne Streifen schneiden
- 1 Zwiebel
  schälen, klein hacken
- 1 EL Obstessig
- 2 EL Wasser
- 1 EL Olivenöl, kaltgepresst
- 1 TL Salz

Karotten-Lauch-Salat

Zutaten

300 g	Karotten schälen und raspeln
50 g	Lauch waschen, in Ringe schneiden

Das Gemüse in eine Schüssel geben und mit Knoblauch-Dressing abschmecken.

Feldsalat

Zutaten

200 g	Feldsalat
1 EL	Balsamicoessig, hell
1 TL	Honig
1 EL	Zitronensaft
1 Prise	Salz
1 EL	Arganöl

Den Salat putzen, waschen und auf zwei Teller verteilen. Die restlichen Zutaten in einer kleinen Schüssel verrühren und über den Salat geben.

Löwenzahnsalat

Zutaten

200 g	Löwenzahn
2 EL	Balsamicoessig, dunkel
2 EL	Sojasahne
1 Prise	Salz
50 g	Rinderschinken am Stück
1 EL	Palmöl

Den Salat säubern und in mundgerechte Stücke schneiden. Den Salat gut waschen, trockenschleudern und in eine Salatschüssel geben. Den Rinderschinken klein würfeln und in einer kleinen Pfanne mit dem Öl anbraten. Restliche Zutaten in einem kleinen Schüsselchen verrühren, den angebratenen Schinken dazugeben, gut verrühren und über den Salat geben.

Dressings & Salatsoßen

Vinaigrette
mit gerösteten Sonnenblumenkernen

Zutaten

3 EL Erdnußöl
1 EL Wasser
1 EL Zitronensaft
3 EL Sojasahne
1 TL Salz
30 g Sonnenblumenkerne
1 kleines Stück Butter

Die Sonnenblumenkerne in einer Pfanne mit wenig Butter leicht anrösten. Die restlichen Zutaten in ein Gefäß geben und gut verrühren. Die Vinaigrette unter den Salat mischen und die gerösteten Sonnenblumenkerne darüber verteilen.

Kräuter-Vinaigrette

Zutaten

3 EL Arganöl
3 EL Wasser
1/2 TL Salz
etwas frischen Pfeffer
2 EL Weißweinessig
1 EL gehackten Schnittlauch
1 EL gehackten Dill
1 EL gehackten Kerbel
1 EL gehackte Blattpetersilie

Alle Zutaten in ein Behältnis geben, gut verrühren und über den frischen Salat geben.

Paprika-Dressing

3 EL Arganöl
2 EL Wasser
1 TL Salz
1 kleine fein gehackte Zwiebel
1/4 klein gehackte Paprikaschote
1 TL Zitronensaft

Alle Zutaten in einem Gefäß gut verrühren und über den Salat geben.

Sesamöl DRESSING

Alle Zutaten gut miteinander vermengen und über den Salat geben.

Mein Tipp:
Das Sesam-Dressing schmeckt sehr gut zu Feldsalat.

Zutaten Dressing nicht vergessen

3 E Sesamöl
1 EL Wasser
halber TL Salz
etwas frischen Pfeffer
1 EL Zitronensaft
1 EL klein gehackten Kerbel

Knoblauch DRESSING

1/2	klein gehackte Zwiebel
1/2	gepresste Knoblauchzehe
1 Prise	Salz
	etwas frisch gemahlenen Pfeffer
1 EL	Zitronensaft
1 EL	Olivenöl, kaltgepresst

Die klein gehackte Zwiebel zusammen mit dem Knoblauch mischen, das Öl und den Zitronensaft dazu geben, gut verrühren und mit Salz und Pfeffer abschmecken.

Oliven-Kräuter DRESSING

3	grüne Oliven entsteint und fein gehackt
3	schwarze Oliven entsteint und fein gehackt
3 EL	Olivenöl, kaltgepresst
2 EL	Wasser
1 EL	Zitronensaft
1 TL	Senf
1/4 TL	Salz

Die gehackten Oliven zusammen mit dem Öl und dem Wasser verrühren. Nun den Senf und den Zitronensaft dazugeben und gut vermischen.
Zum Schluss mit dem Salz abschmecken und über einen Salat Ihrer Wahl geben.

Zutaten

3 EL	Balsamico, dunkel
1 EL	Wasser
1 EL	Sojasahne
1/2 TL	Salz
	etwas frisch gemahlenen Pfeffer

Balsamico DRESSING

Balsamico, Wasser und die Sojasahne gut verrühren und mit Salz und Pfeffer abschmecken.

Eisbergsalat
mit Schafskäse

Den Eisbergsalat mit der Sahne, dem Essig und den Kräutern mischen. Mit Salz abschmecken und zum Schluss den gewürfelten Schafskäse darüber streuen und servieren.

Zutaten

1	kleineren Kopf Eisberg waschen und zerkleinern
100 g	Schafskäse Saft abschütten und würfeln
1 EL	Obstessig
2 EL	Sojasahne
1 TL	Salz
1 EL	gehackte Blattpetersilie
1 EL	gehackter Kerbel

AUTHENTIC
100% RECYCLED
GLASS

Gemüsefond

Zutaten

3 Liter Wasser
3 große Zwiebeln
schälen und würfeln
5 Knoblauchzehen
schälen
6 Karotten
schälen und würfeln
3 Lauchstangen würfeln
2 Selleriestangen würfeln
4 Zweige Blattpetersilie
waschen und klein schneiden
2 Zweige Thymian waschen
3 Lorbeerbläter
5 schwarze Pfefferkörner
Salz

Wasser in einem großen und hohen Topf zum Kochen bringen. Alle Zutaten hinzugeben und etwa 1,5 Stunden leise köcheln lassen. Zwischendurch immer wieder den Schaum abschöpfen. Nach der Kochzeit den Fond durch ein feines Tuch oder ein ganz feines Sieb abgießen.
Der gemüsefond hält sich im Kühlschrank bis zu einer Woche. Gerne können Sie den Fond auch portionsweise einfrieren.

Tofu-Küchle

Zutaten

200 g	Tofu
1	Zwiebel (schälen, klein würfeln)
1/4 Stange	Lauch (waschen, in Ringe schneiden)
1/2 Tasse	Erbsenmehl
2	Wachteleier (nur das Eiweiß)
2 EL	Kartoffelmehl
1 TL	Salz
2 EL	gehackte Petersilie
1 TL	Muskat
1 EL	Arganöl

Mein Tipp ...
Dazu passt ein leckerer Salat und Kartoffeln.

Außer den Gewürzen und dem Öl alle Zutaten in eine Schüssel geben und vermischen. Sollte der Teig zu klebrig sein, geben Sie bitte entweder etwas Erbsen oder Kartoffelmehl dazu. Den Teig mit den Gewürzen abschmecken und zu Küchelchen formen.

Diese in einer Pfanne mit etwas Öl langsam von beiden Seiten ausbacken.

Zutaten

- 400 g Tofu würfeln
- 1 große Zwiebel schälen, würfeln
- 400 ml Kokosmilch
- 1 rote Paprika Kerne entfernen und würfeln
- 1 kleines Päckchen Tomaten mit Fruchtfleisch
- 4 Karotten schälen, würfeln
- 1 Knoblauchzehe schälen und pressen
- 3 EL Palmöl
- 3 TL Curry
- 1 TL frischen gemahlenen Ingwer
- 1 TL Salz

Tofu indisch

Öl in einer beschichteten Pfanne leicht erhitzen und darin die Karotten, Zwiebel und Paprikawürfel leicht anbraten. Mit der Kokosmilch ablöschen, umrühren und leicht köcheln lassen, bis die Kokosmilch etwas eingedickt ist. Anschließend mit den Gewürzen abschmecken, den Knoblauch und Tofu hinzugeben und langsam ca. 10 Minuten weiter köcheln lassen. Zum Schluss noch das Tomatenfruchtfleisch einrühren und eventuell noch mit etwas Salz und Curry abschmecken.

Tofu asiatisch

Servieren Sie den Tofu warm, mit einem Salat mit Sesamöl-Dressing oder dem leckeren Algensalat

Zutaten

- 4 Tofuscheiben
- 1 Knoblauchzehe
  schälen, pressen
- 1 g frischen Ingwer
  klein hacken
- 2 EL Sesamöl
- 2 EL Sojasoße
- 5 EL Sesamsamen
- 2 EL Palmöl
- 1 TL Chilischote rot
  klein gehackt

Sesamöl, Sojasoße, Knoblauch, Ingwer und die klein gehackte Chilischote in eine kleine Schüssel geben und alles gut verrühren. Die Tofuscheiben in der Marinade marinieren und 4-5 Stunden im Kühlschrank abgedeckt ziehen lassen. Nach dieser Zeit den Tofu aus der Marinade entnehmen und diesen im Sesamsamen wenden und in einer beschichteten Pfanne mit Palmöl langsam von beiden Seiten anbraten. Zum Wenden bitte einen Pfannenwender verwenden, damit der Tofu nicht auseinander bricht.

Zutaten

400 g **Tofu**
in etwa 2 cm dicke Würfel schneiden

2 **Knoblauchzehen**
abziehen und pressen

2 **Karotten** schälen, würfeln

1 Stange **Lauch** waschen,
in dünne Ringe schneiden

1 **grüne Paprikaschote**
waschen, Kerne entfernen und würfeln

1 **rote Paprikaschote**
waschen, Kerne entfernen und würfeln

2 EL **Sojasoße**

5 EL **Gemüsebrühe**

1 TL **Salz**

etwas frisch gemahlenen Pfeffer

1 EL **Arganöl**

Tofu-Pfanne

Das gewürfelte Gemüse in einer Pfanne mit dem Arganöl leicht anbraten und mit der Sojasoße ablöschen. Nach etwa einer Minute die Gemüsebrühe auffüllen und 15 Minuten leise köcheln lassen. Den Knoblauch und Tofu dazugeben, gut umrühren und mit den Gewürzen abschmecken und weitere 15 Minuten leise köcheln lassen, anrichten und servieren.

Mein Tipp: Den Tofu mit der Vinaigrette 10 Minuten ziehen lassen und bei Zimmertemperatur genießen.

Tofu mit einer Tomaten-Vinaigrette

Zutaten

250 g	Tofu
1	kleine rote Zwiebel schälen und klein hacken
250 g	Tomaten waschen, klein schneiden
5	große Blätter Basilikum waschen, klein schneiden
1 EL	Olivenöl, kaltgepresst
1 EL	Balsamico
1 TL	Salz
	etwas frisch gemahlenen bunten Pfeffer

Den Tofu in ca. 2 cm dicke Scheiben schneiden. Alle anderen Zutaten in einem Gefäß gut verrühren und damit den Tofu auf einer Platte marinieren.

Zutaten

200 g Tofu

2 EL Sojasoße

1 EL Palmöl

170 g Gemüse Ihrer Wahl, z.B. Zucchini, Karotten oder Auberginen
waschen und in feine Streifen schneiden

3 EL Gemüsebrühe

1 Knoblauchzehe
abziehen, fein hacken

1 TL Salz

Gebratener Tofu mit Streifengemüse

Den Tofu in ca. 3 x 3 cm große Stücke schneiden und in einer Pfanne mit dem Öl anbraten. Das Streifengemüse mit in die Pfanne geben, ca. 7 Minuten andünsten und heiß servieren.

Gemüse-Soja-Topf

Zutaten

100 g	Sojawürfel
2	Karotten waschen, klein würfeln
1/2 Stange	Lauch waschen, klein schneiden
1	Zwiebel schälen, klein schneiden
1	Tomate waschen, vierteln
3	Kartoffeln schälen, waschen würfeln
1 EL	Arganöl
3/4 Liter	Gemüsebrühe

Die Sojawürfel für 15 Minuten in etwas Wasser einweichen, dann abschütten. Das geschnittene Gemüse in einer Pfanne mit Öl anbraten, die Sojawürfel dazugeben, gut verrühren und mit der Gemüsebrühe auffüllen.
Nun die gewürfelten Kartoffeln dazugeben und ca. 20 Minuten köcheln lassen. Mit den Gewürzen abschmecken - fertig.

Maisnudeln natur

Zutaten

250 g	Maisnudeln
1 TL	Salz
1 l	Wasser

Die Maisnudeln in einem großen Topf mit Wasser und Salz ca. 5 Minuten al-dente kochen. Maisnudeln schmecken zu allen Fleisch- und Fischgerichte sehr lecker.

Salbei-Nudeln

Zutaten

200 g	Maisnudeln z.B. Penne
ca. 10	frische Salbeiblätter waschen
1 Prise	Salz
	etwas frisch gemahlen Pfeffer
1	kleines Stück Butter

Die Nudeln in Salzwasser al-dente kochen, abschütten und mit nachlaufendem Wasser abschrecken.
Die Salbeiblätter mit etwas Butter in einer Pfanne schwenken, salzen, pfeffern und die Nudeln dazugeben.
Gut verrühren und heiß servieren.

Maisnudeln pikant

Zutaten

250 g	Maisnudeln
500 g	Fleischtomaten
1/2	Chilischote
1	Zwiebel schälen, klein würfeln
1	Knoblauchzehe schälen, klein hacken
1 EL	Palmöl
1 Prise	Salz
	etwas frisch gemahlenen Pfeffer

Die Fleischtomaten mit einem scharfen Messer einritzen, mit heißem Wasser überbrühen und die Haut abziehen. Die Tomaten, wenn diese abgekühlt sind, klein würfeln. Die Nudeln in Salzwasser bissfest kochen. Die Zwiebeln in einer Pfanne goldgelb anbraten, die Tomaten und den Knoblauch dazugeben und gut verrühren. Die Soße mit der Chilischote,dem Salz und frischem Pfeffer herzhaft abschmecken, die Nudeln dazugeben und sanft untermischen.

Bolognese vegetarisch

Zutaten

400 g	Tofu Saft abschütten und klein würfeln
1	rote Zwiebel schälen, würfeln
1	Knoblauchzehe schälen, fein hacken
1/2 Liter	Gemüsebrühe
1 EL	Arganöl
2 EL	Tomatenmark
1 Päckchen	passierte Tomaten
2 TL	Salz
	frischen Pfeffer aus der Mühle

Die Zwiebeln in einer Pfanne mit dem Öl anbraten, den Tofu dazugeben, kurz weiter anbraten, den gepressten Knoblauch dazugeben und mit der Gemüsebrühe auffüllen. 30 Minuten leise köcheln lassen. Anschließend die passierten Tomaten und das Tomatenmark einrühren, mit den Gewürzen abschmecken und mit Glas- oder Maisnudeln heiß servieren.

Sojawürfel ungarische Art

Zutaten

100 g	Sojawürfel
1	Zwiebel schälen und klein schneiden
1	grüne Paprikaschote waschen, putzen, würfeln
1	rote Paprikaschote waschen, putzen, würfeln
1	Knoblauchzehe schälen, fein hacken
2 EL	Tomatenmark
2 TL	Salz
	etwas frisch gemahlenen Pfeffer
1 TL	Paprikapulver edelsüß
1/4 Liter	Gemüsebrühe

Mein Tipp: Dazu passen sehr gut Kartoffeln!

Die Sojawürfel ca. 20 Minuten in leicht kochender Gemüsebrühe köcheln lassen. Die Würfel mit einem Sieb abschütten, die Gemüsebrühe aufheben. Die Sojawürfel in einen Topf geben, 150 ml von der abgeschütteten Gemüsebrühe auffüllen, das Gemüse dazugeben und das Tomatenmark mit allem gut verrühren. Mit den Gewürzen abschmecken und nach 15 Minuten Kochzeit servieren.

Reisnudeln
mit gebackenen Austernpilzen

Zutaten

200 g	Reismehl-Bandnudeln (in Asia-Shops erhältlich)
1 Prise	Salz
150 g	Austernpilze
1/4	Zwiebel
1 EL	Palmöl
	etwas Salz
	frisch gemahlenen Pfeffer

Austernpilze waschen, trocken tupfen und klein würfeln. Die Reisnudeln in Salzwasser al-dente kochen, abschütten und zur Seite stellen. Die Pilze in einer Pfanne zusammen mit dem Öl anbraten und mit Salz und Pfeffer abschmecken. Die gekochten Reisnudeln in die Pfanne geben, umrühren und heiß servieren.

Spaghetti mit Bärlauchpesto

200 g	Mais-Spaghetti
60 g	Pinienkerne
50 g	Parmesan (gerieben)
10	große Bärlauchblätter waschen, Stiele abschneiden
ca. 100 ml	Olivenöl
1 Prise	Salz
	etwas frisch gemahlenen Pfeffer

Die Pinienkerne zusammen mit dem Parmesan, mit Hilfe eines Mixers, pürieren. Währenddessen langsam das Öl einlaufen lassen. Die Bärlauchblätter dazugeben und zu einem Pesto verarbeiten. Mit etwas Salz und Pfeffer abschmecken und über die Spaghetti geben. Gut vermischen und die Spaghetti mit dem Pesto auf Tellern anrichten.

Nudeln
mit Tomaten und Rucola

Zutaten

250 g	Maisnudeln Ihrer Wahl
100 g	Cherrytomaten waschen und würfeln
200 g	Rucola waschen, klein zupfen
1	Knoblauchzehe schälen, fein hacken
	etwas frischen Chili
1 Prise	Salz

Die Nudeln in Salzwasser al dente kochen, abschütten und abschrecken.
Den Knoblauch kurz in einer Pfanne in etwas Öl schwenken, die Tomatenwürfel dazugeben, mit dem Chili und Salz abschmecken, umrühren und den Rucola dazugeben.
Kurz in der Pfanne mit den Tomaten schwenken, heiß über die Nudeln auf Teller geben und servieren.

Polenta mit Pfifferlingen

Zutaten

200 g	Polenta (Maisgries)
3/4 Liter	Gemüsebrühe
200 g	Pfifferlinge waschen, klein schneiden
1	Zwiebel schälen, würfeln
2 EL	Sojamilch
2 EL	Sojacuisinie
1 EL	frisch geschnittene Blattpetersilie
1 TL	Salz
	etwas Butter

Die Polenta in der Gemüsebrühe gar kochen und in eine mit etwas Butter ausgestrichene Kastenform geben, abdecken und im Kühlschrank auskühlen lassen. Die Pfifferlinge mit etwas Butter in einer beschichteten Pfanne andünsten, Zwiebeln dazugeben und diese kurz mit anbraten. Geben Sie jetzt die Petersilie dazu, kurz in der Pfanne schwenken und mit der Sojamilch ablöschen. Diese weiterköcheln lassen und zum Schluss etwas salzen. Die noch lauwarme Polenta aus der Form stürzen, in 3 cm dicke Scheiben schneiden und mit in die Pfanne zu den Pfifferlingen geben. Auf Tellern anrichten, jeweils einen Esslöffel Sojacuisine darüber geben und genießen.

Polenta-Schnitte

Zutaten

150 g	Polenta/Maisgries
700 ml	Wasser
1 EL	Parmesan (gerieben)
1 Prise	Salz
	etwas gemahlenen bunten Pfeffer
1/2 EL	Arganöl
	etwas Butter zum Ausstreichen

Den Maisgries in einem Topf mit den 700 ml Wasser langsam ca. 10 Minuten köcheln. Den Parmesan, das Salz und den Pfeffer dazu geben und gut verrühren. Dann füllen Sie die Polenta in eine mit Butter ausgestrichene kleine Kastenform, decken diese mit Klarsichtfolie ab und lassen Sie im Kühlschrank auskühlen. Diese dann im ausgekühlten Zustand stürzen und in ca. 1,5 cm dicke Scheiben schneiden.
Die Polentascheiben im Backofen bei 180°C ca. 3 Minuten backen. Zwischenzeitlich mit etwas Öl bepinseln. Bevor Sie die Oliven-Kräuter-Butter aufstreichen, müssen die Polentascheiben völlig erkaltet sein. Auf einer Platte anrichten und servieren.

Reis-Omelett

Zutaten

250 g	Reisschrot
500 ml	Wasser
5 EL	Palmöl
2 TL	Salz
50 g	Buchweizenmehl

Reisschrot im Wasser quellen lassen und mit dem Öl, Salz und dem Buchweizenmehl vermischen.
Den Teig dünn in einer beschichteten Pfanne von beiden Seiten ausbacken.

Buchweizen-Pfannkuchen mit Gemüsefüllung

Für die Pfannkuchen

250 g	Buchweizen, gemahlen
500 ml	Wasser
1 EL	Palmöl
1 TL	Salz

Für die Füllung

1	grüne Paprikaschote säubern, waschen, klein hacken
2	Karotten schälen, klein schneiden
1/4 Stange	Lauch waschen, klein schneiden
1	Zwiebel schälen klein schneiden
100 ml	Wasser
4 EL	Sojacuisine
1 EL	Arganöl
1 TL	Salz
	etwas frisch gemahlenen Pfeffer

Für die Pfannkuchen Mehl und Salz in einer Schüssel verrühren, das Wasser einrühren und mit einem Schneebesen schaumig schlagen. Den Teig abgedeckt ca. 30 Minuten ruhen lassen. Anschließend in einer beschichteten Pfanne mit dem Öl von beiden Seiten langsam goldgelb ausbacken und warm stellen.

Für die Füllung das Gemüse in einer Pfanne mit dem Öl andünsten, mit Wasser ablöschen und etwas einköcheln lassen. Die Sojacuisine einrühren und mit den Gewürzen abschmecken.

Die Gemüsefüllung auf den Pfannkuchen verteilen, zusammenrollen und auf vorgewärmten Tellern anrichten.

Mein Tipp … Dazu passt ein Salat sehr gut.

Maisomelette
mit Pilzfüllung

Für die Omelettes

6 Wachteleier
200 g Maismehl
ca. 150 ml Reismilch, Wasser oder Sojamilch
1 Msp Backpulver
1 TL Salz
1 kleines Stück Butter

Für die Pilzfüllung

200 g gemischte frische Pilze waschen, klein schneiden
2 EL frischen gehackten Schnittlauch
1 Zwiebel schälen, hacken
2 EL Sojacuisine
1 Spritzer Zitrone
1 TL Salz
etwas frisch gemahlenen Pfeffer
1 EL Palmöl

Geben Sie das Mehl, das Backpulver und das Salz in eine Schüssel, verrühren alles gut und bilden Sie in der Mitte eine Mulde. In einer anderen Schüssel die Milch und Eier verquirlen und langsam in die Mulde zur Mehlmischung geben.
Die Mischung mit Hilfe eines Schneebesens gut verrühren, bis ein cremiger Teig entsteht. Bei Bedarf kann noch etwas Milch oder Wasser eingerührt werden. Die Pfannkuchen in einer Pfanne mit Butter von beiden Seiten goldgelb ausbacken und warm stellen.
Für die Pilzfüllung die Zwiebeln in einer Pfanne mit Öl goldgelb anbraten, die Pilzmischung dazugeben und andünsten.
Die Sojacuisine und den Schnittlauch dazugeben und mit andünsten. Mit den Gewürzen und der Zitrone abschmecken, die Füllung auf den Maisomelette verstreichen und heiß servieren.

Gefüllte Paprika

mit Schafskäse

Zutaten

2 Tassen	Vollkornreis
1 rote	Paprikaschote
1 grüne	Paprikaschote
1	Zwiebel schälen, klein würfeln
150 g	Champignons waschen in Scheiben schneiden
1	kleine Zucchini waschen, klein schneiden
75 g	Schafskäse Saft abschütten, den Käse würfeln
250 ml	Gemüsebrühe
2 TL	Salz
	etwas frisch gemahlenen Pfeffer
1 EL	Arganöl

Den Reis im Wasser gar kochen und das restliche Wasser abschütten.

Bei den Paprikaschoten die Deckel abschneiden, die Paprika säubern, waschen und in der Gemüsebrühe in einem Topf al dente kochen. Zwischenzeitlich die Champignons, die Zwiebel- und Zucchiniwürfel in einer Pfanne mit etwas Öl andünsten. Geben Sie dann den Reis dazu und füllen die Paprikaschoten damit.

Geben Sie die Gemüsebrühe in eine Auflaufform, stellen die gefüllten Paprika hinein und stellen diese für ca. 15 Minuten in den Backofen. Zum Schluss den Schafskäse darüber streuen und heiß servieren.

Peperonata

Zutaten

3	mittelgroße Zwiebeln schälen, klein würfeln
1/2	rote Paprika waschen, Kerne entfernen und würfeln
1/2	grüne Paprika waschen, Kerne entfernen und würfeln
300 g	reife Tomaten einschneiden, heiß überbrühen, erkalten lassen, würfeln
1/4 l	Gemüsebrühe
1/4 Stange	Lauch waschen, Ringe schneiden
1	Knoblauchzehe schälen, klein schneiden
2 EL	frischen Thymian
1 TL	Salz
	frisch gemahlenen Pfeffer
250 g	Maisnudeln

Das Gemüse in einer Pfanne anschwitzen, den Knoblauch und Thymian dazugeben und mit der Gemüsebrühe ablöschen. Zwischendurch immer wieder gut verrühren. Die Nudeln abkochen und zu dem Gemüse geben, mit Salz und Pfeffer würzen und anrichten.

Gemüsespieße

Zutaten

1	gelbe Paprikaschote
1	Zwiebel schälen
1	Zucchini
1	Tomate
6 EL	Sojaquark
3 EL	Zitronensaft
1/2 TL	Cayennepfeffer
1 TL	Salz
1 EL	frische gehackte Petersilie

Das Gemüse waschen und in gleich große Würfel schneiden. Die Gemüsestücke in bunter Reihenfolge auf Schaschlikspieße stecken, mit Öl bepinseln und würzen. Die Spieße in einer beschichteten Pfanne rundum anbraten, herausnehmen und warm stellen. Sojaquark, Salz, Cayennepfeffer und den Zitronensaft verrühren. Die Soße erwärmen und über den Spießen verteilen.

Ziegenkäse-Buchweizenrolle

Für den Teig:

100 g	Buchweizenmehl
1/4 TL	Salz
2	Wachteleier
100 ml	Soja- oder Reismilch
1	kleines Stück Butter zum Ausbacken

Für die Füllung:

2	Tomaten vierteln und fein hacken
75 g	Ziegenfrischkäse
3 EL	Schnittlauchröllchen
1 Prise	Salz
	etwas frisch gemahlenen Pfeffer

Das Mehl und das Salz in eine Schüssel geben und eine Vertiefung in die Mitte drücken. Die Eigelbe zusammen mit der Milch gut verschlagen und in die Vertiefung geben. Vermengen Sie alles gut zu einem glatten Teig.
Geben Sie etwas Butter in eine Teflonpfanne und lassen diese aus. Mit Hilfe einer Schöpfkelle etwas Teig in die Pfanne geben, diese in der Pfanne ausschwenken und von beiden Seiten goldgelb ausbacken und auskühlen lassen.

Vermischen Sie die Tomaten mit dem Frischkäse und den Schnittlauchröllchen und schmecken die Füllung mit den Gewürzen ab.
Die ausgekühlten Crêpes einzeln auf Frischhaltefolie legen, mit der Füllung bestreichen und fest zusammenrollen
Das Ende der Frischhaltefolie fest verdrehen und zusammenbinden. Die gerollten Crêpes für ca. 45 Minuten in den Kühlschrank legen. Diese dann in drei gleich große Hälften schneiden, die Folie vorsichtig abziehen und anrichten.

Gegrillter Schafskäse

Zutaten

2 Scheiben Schafskäse
2 Peperoni
1 Tomate
in Scheiben schneiden oder würfeln
1 Knoblauchzehe
schälen und vierteln
1 TL Paprikapulver edelsüß
1 Zwiebel
schälen, in Ringe schneiden oder würfeln
1 EL Palmöl

Eine Auflaufform mit Alufolie auslegen und den Backofen vorheizen. Den Schafskäse in die Form geben, mit Paprikapulver bestreuen, die geschnittenen Tomaten, die Zwiebeln, den Knoblauch und die Peperoni auf dem Käse verteilen, Öl darüber geben und im Backofen ca. 20 Minuten bei 170° C ausbacken.

Mein Tipp: Wenn Sie den Käse mit der Alufolie verschließen, dann wird dieser saftiger.

Kräuterrösti mit Creme

Für die Rösti

4 große Kartoffeln schälen, kochen und durch die Kartoffelpresse drücken
1 TL gehackte Petersilie
1 TL gehackter Kerbel
1 TL gehackten Schnittlauch
1 TL Salz
etwas frischen Pfeffer
1 Prise Muskat
1 TL Butter

Für die Creme

100 g Sojacuisinie
1 EL gehackten Schnittlauch
1 TL Salz
1 Prise rotes Paprikapulver
1 TL bunten gemahlenen Pfeffer

Erster Schritt für die Rösti:

Die Kräuter zu der Kartoffelmasse geben, gut vermengen und mit Salz, Pfeffer und dem Muskat abschmecken. Den Kartoffelteig mit einem runden Förmchen ausstechen und in einer Pfanne mit etwas Butter von beiden Seiten goldgelb ausbacken.

Mein Tipp ...
Das Förmchen mit etwas Kartoffelmehl bestäuben, so bleibt der Kartoffelteig nicht kleben

Die Rösti auf einem Kuchengitter auskühlen lassen.

Zweiter Schritt für die Creme:

Sojacuisine in eine kleine Schüssel geben, die Schnittlauchröllchen dazu geben, mit den Gewürzen abschmecken und gut vermengen. Die Creme auf die ausgekühlten Rösti streichen, mit etwas Schnittlauch garnieren und anrichten.

Rösti

Die Kartoffeln pellen und durch die Kartoffelpresse drücken. Mit Salz und Pfeffer abschmecken. Formen Sie aus dem Teig kleine Rösti und backen diese von beiden Seiten langsam in einer Pfanne mit dem Öl aus. Zum Schluss die klein gehackte Petersilie darüber streuen und die Rösti auf einem Teller als Beilage anrichten.

Zutaten

500 g	Pellkartoffeln am besten vom Vortag)
1 EL	Arganöl
	etwas frischen Pfeffer
1 Prise	Salz
1 EL	Petersilie klein gehackte

Folienkartoffeln

Zutaten

2 große Kartoffeln
waschen

1 EL Arganöl

Die Kartoffeln mit einem Messer einritzen und in ein Stück mit Öl bestrichener Aluminiumfolie einwickeln. Im Backofen bei 220° C für ca. 30 Minuten gar backen. Dazu passt hervorragend die Basilikum-Chili-Butter und ein grüner Salat.

Mein Tipp:
Die Folie nach 20 Minuten öffnen und weiter 10 Minuten backen. So wird die Schale knusprig.

Schmor-Kartoffeln

Zutaten

4 mittelgroße Kartoffeln
abbürsten und waschen

1 Tasse Gemüsebrühe

1 TL Kümmel

Die gewaschenen Kartoffeln mit Schale in Würfel schneiden und in der Gemüsebrühe mit dem Kümmel gar kochen.

Geschwenkte

Pell-Kartoffeln

Zutaten	
8	kleine Kartoffeln waschen
1 EL	Butter
1 Prise	Salz
	etwas frisch gemahlenen Pfeffer

Die Kartoffeln in einem Topf mit Wasser gar kochen, erkalten lassen und schälen. Die Butter in eine Pfanne geben und zerlaufen lassen, nun etwas Salz und Pfeffer in die Butter geben, verrühren und die Pellkartoffeln kurz darin schwenken.

Mein Tipp:
Super zu Fisch
oder Fleisch

Majoran-Kartoffeln

Zutaten

500 g	Kartoffeln waschen
1	Zwiebel schälen, würfeln
1 EL	Olivenöl
1 Pise	Salz
4 EL	klein gehackten frischen Majoran

Die Kartoffeln in Wasser kochen, kalt werden lassen, schälen und würfeln. Das Olivenöl in eine Pfanne geben, den gehackten frischen Majoran dazu geben und diesen in der Pfanne schwenken. Dann die gewürfelten Kartoffeln dazu geben, salzen und gut verrühren. Auf kleinster Stufe ca. 10 Minuten dünsten.

Gefüllte Kartoffelklöße

für die Klöße

150 g gekochte Pellkartoffeln
schälen und durch die Kartoffelpresse drücken

150 g rohe Kartoffeln
schälen, waschen, reiben und ausdrücken

2 EL Kartoffelstärke

1 Prise Salz

1 Prise Muskat

für die Füllung

100 g Büffel-Mozzarella
fein würfeln

2 Tomaten
waschen, fein würfeln

1 EL Balsamico

Die geriebenen Kartoffeln in eine Schüssel geben, die gekochten und gepressten Kartoffeln dazu geben und miteinander vermischen. Mit der Kartoffelstärke binden, würzen, gut vermengen. Aus dem Kloßteig runde Fladen formen, auf jeden einzelnen etwas Mozzarella und Tomatenwürfel geben, schließen und zu Knödeln formen. In Salzwasser ca. 20 Minuten sieden lassen. Zum Schluß über jeden gekochten Kloß etwas Balsamico geben und heiß servieren.

Kräuterrösti

Zutaten

500 g	Kartoffeln schälen, waschen, würfeln
1 EL	klein gehackte Blattpetersilie
1 EL	klein gehackter Schnittlauch
1 EL	klein gehackter Kerbel
1 Prise	Salz
1 Prise	Muskat
	etwas frisch gemahlenen Pfeffer
1 TL	Butter

Die Kartoffeln in Salzwasser gar kochen, restliches Wasser abschütten und die Kartoffeln abkühlen lassen. Anschließend durch eine Kartoffelpresse drücken, die Kräuter dazu geben, mit den Gewürzen abschmecken, gut vermischen. Den Kartoffelteig können Sie nun mit einem runden Förmchen ausstechen und in einer Pfanne mit Butter von beiden Seiten sanft ausbacken.

Zutaten

1 kg	Pellkartoffeln schälen
6	Wachteleier
150 g	Kartoffelstärke
1 Prise	Salz
1 Prise	Muskat
1 EL	Butter

Mein Tipp: Kartoffelgnocchis schmecken auch sehr lecker, wenn Sie diese nach dem Kochvorgang in einer Pfanne mit etwas Butter goldgelb ausbacken.

Kartoffelgnocchis

Die noch warmen und geschälten Kartoffeln durch eine Kartoffelpresse drücken und abkühlen lassen. Geben Sie nun die Butter, Eier und die Kartoffelstärke dazu und vermengen Sie alles gut. Mit Salz und Muskat würzen und ca. 30 Minuten abgedeckt ruhen lassen.
Formen Sie aus dem Teig fingerdicke Rollen und schneiden diese zu einer Größe von ca. 2 cm. Die Gnocchis mit einer Gabel leicht andrücken und vorsichtig in einem Topf mit Wasser leise köcheln lassen. Die Gnocchis sind fertig gekocht, wenn diese an der Wasseroberfläche schwimmen. Vorsichtig aus dem Wasser nehmen und zu einem leckeren Fleisch servieren.

Zutaten

500 g	Kartoffeln schälen, waschen, würfeln
2	rote Papirkaschoten entkernen, waschen, würfeln
1	grüne Paprikaschote entkernen, waschen, würfeln
1	Zwiebel schälen, würfeln
1	Knoblauchzehe schälen, klein schneiden
1/2 Bund	Schnittlauch waschen, klein schneiden
1 TL	Kümmel
3 EL	Sojasahne
1 TL	Salz
1/2 Liter	Wasser

Kartoffelgulasch

Die Kartoffeln in einem Topf mit dem Wasser ca. 15 Minuten köcheln. Die Paprikawürfel, Zwiebeln, Knoblauch und Kümmel mit zu den Kartoffeln geben, gut verrühren und alles zusammen weitere 15 Minuten leise köcheln lassen.
Die Sojasahne und den Schnittlauch einrühren, mit Salz abschmecken und heiß servieren.

Reibe-Pfannkuchen

mit frischem Apfelkompott

Für die Reibekuchen

1 kg	Kartoffeln schälen, waschen, reiben und ausdrücken
200 g	Kartoffelmehl
180 ml	Wasser
3	Wachteleier
1 TL	Salz
	etwas frisch gemahlenen Pfeffer
1 Prise	Muskat
1 EL	Arganöl

Für das Apfelkompott

4	süßliche Äpfel schälen, entkernen, würfeln
2 Tassen	Wasser
2 Tassen	reiner Apfelsaft
	etwas Zitronensaft
1 Prise	Zimt
1 EL	Vollrohrzucker
1 EL	Butter

Für die Reibekuchen die geriebenen Kartoffeln, Kartoffelmehl, Wasser und die Eier in eine Schüssel geben und gut verrühren. Den Kartoffelteig mit den Gewürzen herzhaft abschmecken und mit etwas Öl in einer Pfanne von beiden Seiten ausbacken und warm stellen.

Für das Kompott die Butter in einen Topf geben, zerlaufen lassen und den Zucker dazugeben. Gut verrühren, etwas karamellisieren, mit dem Wasser und dem Apfelsaft ablöschen und leicht köcheln lassen. Nun die Äpfel dazugeben und so lange köcheln lassen, bis diese weich sind.
Die weichen Äpfel in dem Saft mit einer Gabel zerdrücken, mit Zimt und etwas Zitronensaft abschmecken und mit den Kartoffelpuffern servieren.

Mein Tipp: Den Apfelkompott lauwarm genießen.

Backkartoffeln

- 200 g Kartoffeln waschen
- 1 EL Butter
- 1 Prise Salz

Die Kartoffeln in einem Topf mit kochendem Wasser gar kochen, erkalten lassen und schälen.
Diese nun in Scheiben schneiden und in einer Pfanne mit Butter ausbacken. Die Kartoffeln sollen nun goldgelb ausgebacken werden.

Ofenkartoffeln

- 200 g Kartoffeln schälen, waschen, in Scheiben schneiden
- 1 TL Salz
- etwas frisch gemahlenen Pfeffer
- 1 EL Butter

Eine kleine Auflaufform mit Butter auspinseln, die in Scheiben geschnittenen rohen Kartoffeln schichtartig darin verteilen, die Butter darüber geben, etwas Salz und Pfeffer über die Kartoffeln geben und bei 180° C im Backofen ca. 30 Minuten auf mittlerer Schiene garen.

Thymiankartoffeln

- 10 kleine Kartoffeln waschen
- 1 Prise Salz
- etwas frischen Thymian waschen und trocken tupfen
- 2 EL Arganöl

Die gewaschenen Kartoffeln mit Schale halbieren.
Diese nun auf ein mit Backpapier ausgelegtem Backblech geben, mit Öl besteichen, salzen und im Backofen bei 200°C ca. 20 Minuten ausbacken.
5 Minuten bevor die Kartoffeln gar sind, den Thymian darüber verteilen und zu Ende backen.

Mein Tipp:
Die Ofenkartöffelchen passen hervorragend zu Lamm oder Fisch.

Rosmarinkartoffeln aus dem Ofen

300 g	Kartoffeln schälen, waschen, würfeln
3 EL	fein gehackten Rosmarin
1 EL	Arganöl
150 g	Schafskäse Flüssigkeit abschütten
1	Prise Salz

Die in Scheiben geschnittenen Kartoffeln mit etwas Öl in einer dafür geeigneten Ofenpfanne anbraten. Den Rosmarin dazu geben, salzen und gut vermengen. Bevor die Kartoffeln ganz gar sind, kommen diese für weitere 5 Minuten in den Backofen. Streuen Sie nun den Schafskäse darüber und lassen das Kartoffelgericht noch für weitere 10 Minuten im Backofen.

Kartoffel-Pizza

Zutaten

6	große Kartoffeln schälen, waschen, würfeln
1 Päckchen	passierte Tomaten mit Fruchtfleisch
150 g	Büffelmozzarella
1 Prise	Salz
	frisch gemahlenen Pfeffer
2 EL	klein gehackten frischen Oregano
1	Zwiebel schälen, in Ringe schneiden
12	schwarze Oliven ohne Stein
2 EL	Argan- oder Olivenöl

Die Kartoffeln in einem Topf mit Wasser gar kochen. Zwischenzeitlich die passierten Tomaten in einer Schüssel mit Salz, Oregano und Pfeffer abschmecken.
Restliches Wasser von den gekochten Kartoffeln abschütten, die Kartoffeln auskühlen lassen und durch eine Kartoffelpresse drücken. Die Kartoffelmasse auf einem mit Backpapier ausgelegten Backblech drücken und den Rand andrücken. Dieser sollte etwas höher sein.
Streichen Sie nur die gewürzten und passierten Tomaten über den Kartoffelteig und belegen diesen mit den Oliven, Zwiebeln und dem Schinken. Zum Schluss den Käse darüber streuen, Öl darüber träufeln und im Backofen bei 180° C ca. 25 Minuten ausbacken.

Mein Tipp:
Gerne können Sie die Pizza auch nach Ihrem Geschmack verändern, z.B. mit Rindersalami, Rinder- oder Putenschinken.

Kartoffelpüree

Kartoffel-Karotten-Püree

6 große Kartoffeln
4 Karotten
1/4 Becher Sojasahne
1 Stück Butter
1 TL Salz

Die Kartoffeln und die Karotten schälen, waschen und würfeln. Beides in einem Topf mit Wasser gar kochen und zerstampfen. Die Butter dazu geben, mit Salz abschmecken, gut verrühren und servieren.

Kartoffel-Spinat-Püree

6 große Kartoffeln
50 g frischen Blattspinat
1 Stück Butter
1 Prise Salz
1 Prise Muskat

Die Kartoffeln schälen, waschen, würfeln und in einem Topf mit Wasser gar kochen. Den Spinat waschen und ebenfalls in einem Topf mit Wasser gar kochen. Den Spinat mit einem Mixer pürieren. Das restliche Wasser von den Kartoffeln abschütten, den Spinat zu den Kartoffeln geben, mit Salz und Muskat abschmecken, zerstampfen und zum Schluss die Butter dazugeben. Verrühren und heiß servieren.

Kartoffelpüree -pur-

6 große Kartoffeln
1 Stück Butter
1/4 Becher Sojasahne
1 TL Salz

Die Kartoffeln schälen, waschen, würfeln und in Salzwasser kochen. Restliches Wasser abschütten, die Butter und Sahne zu den Kartoffeln geben und zerstampfen.

Buchweizen-Pfannkuchen

Zutaten	
125 g	Buchweizenmehl
1/4 l	Mineralwasser
1/2 EL	Palmöl
3	Wachteleier
1 Prise	Salz

Alle Zutaten in eine Rührschüssel geben und mit dem Rührstab verquirlen. Den Teig ca. 30 Minuten ruhen lassen. Anschließend den Teig in einer beschichteten Pfanne von beiden Seiten zu Pfannkuchen langsam ausbacken.

Buchweizenpfanne

Die Brühe zum Kochen bringen und den Buchweizen einrühren. Bei schwacher Hitze ca. 15-20 Minuten quellen lassen. Das Gemüse zwischenzeitlich in einer Pfanne mit Öl andünsten und unter den Buchweizen geben. Mit den Kräutern und Gewürzen abschmecken, gut verrühren und anrichten.

Zutaten	
50 g	Buchweizen
150 ml	Gemüsebrühe
1	Zwiebel schälen, würfeln
1	Karotte schälen, würfeln
50 g	Knollensellerie schälen, würfeln
	etwas frisch gemahlenen Pfeffer
1 Prise	Salz
1 EL	kleingehackte Petersilie
1 EL	Arganöl

Buchweizen-Grütze

Zutaten

300 g	Buchweizen, geschrotet
3/4 l	Wasser
1 Prise	Salz

Das Wasser in einem Topf zum Kochen bringen, das Salz dazu geben und den Buchweizen unter Rühren einrieseln lassen. Die Grütze ca. 5 Minuten leicht köcheln lassen, den Herd abschalten und 30 Minuten abgedeckt nachquellen lassen.

Mein Tipp ...
Passt sehr gut zu Gemüse

Buchweizenkroketten

Zutaten

170 g	Buchweizen
350 ml	Wasser
30 g	Sojamehl
1 TL	Salz
	etwas frisch gemahlenen Pfeffer
1 EL	Arganöl

Den Buchweizen in einen Topf geben, mit dem Wasser aufschütten und langsam zum Köcheln bringen.
Die Kochzeit für den Buchweizen beträgt ca. 15-20 Minuten.
Buchweizen auskühlen lassen, mit Salz und Pfeffer würzen und gut verrühren. Aus dem Teig ca. 2 cm dicke Rollen (Kroketten) formen und in einer Pfanne mit dem Öl von allen Seiten langsam und schonend ausbacken.

Buchweizennudeln

Zutaten

220 g	Buchweizenmehl
20 g	Butter
1 Prise	Salz
30 ml	Wasser
	etwas Buchweizenmehl für die Arbeitsfläche

Das Mehl mit Wasser, Butter und Salz in einer Schüssel gut vermengen und abgedeckt ca. 30 Minuten ruhen lassen.
Etwas Buchweizenmehl auf die Arbeitsfläche geben, den Teig darauf ausrollen und mit einem Messer in Streifen schneiden.
Die Nudeln in Salzwasser al-dente kochen.

Roter Reis

ist sehr wohlschmeckend. Er wird in Höhen von 2.000 bis 3.600 Metern angebaut und mit Gletscherwasser bewässert. Roter Reis ist ein reiner Naturreis und ist reich an Ballaststoffen und ungesättigten Fettsäuren. Er benötigt eine etwas längere Kochzeit als anderer Reis.
Die Garzeit beträgt ca. 40-45 Minuten. Er passt köstlich zu Fleisch, Fisch oder Gemüsegerichten.

Vollkornreis

mit Champignons

Zutaten

2 Tassen	Vollkornreis
1/4 l	Gemüsebrühe
150 g	Champignons waschen, in Scheiben schneiden
1 EL	frischen Kerbel hacken
1 TL	Salz
1 EL	Butter

Den Reis in einem Topf mit Wasser gar kochen. Die Champignons in einer Pfanne mit etwas Butter leicht anbraten, mit der Gemüsebrühe ablöschen, den Kerbel und den Reis dazugeben und leicht einköcheln lassen. Mit dem Salz abschmecken und anrichten.

Zutaten

200 g	Naturreis
400 ml	Gemüsebrühe
1 EL	Palmöl
1	Zwiebel schälen, würfeln
1	Zucchini waschen, würfeln
1/2 Stange	Lauch waschen, in Ringe schneiden
2	Karotten schälen, würfeln
1 Prise	Salz

Reispfanne

Den Reis in der Gemüsebrühe gar kochen. Das Gemüse in einer Pfanne mit etwas Öl leicht anbraten, den gekochten Reis zu dem Gemüse geben, mit Salz abschmecken und servieren.

Curryreis

Den Reis gar kochen. Diesen in eine Pfanne mit etwas Butter geben. Leicht andünsten und mit den Gewürzen abschmecken.

Zutaten

2 Tassen	Vollkornreis
1/2 l	Wasser
1 EL	Currypulver
1 Prise	Salz
	etwas frisch gemahlenen Pfeffer
1 TL	Butter

Mein Tipp: Curryreis passt sehr gut zu Fisch.

Maispfanne

Zutaten

100 g Maisgries

1 Zwiebel
schälen, klein schneiden

1 Knoblauchzehe
schälen, klein hacken

2 Tomaten
Haut mit einem Messer einritzen, abkochen, erkalten lassen, Haut abziehen und würfeln

6 Blumenkohlröschen
Strunk abschneiden und ca. 10 Minuten in Wasser köcheln

1/4 l Gemüsebrühe

1 EL Arganöl

1 TL Salz

etwas frisch gemahlenen Pfeffer

Die Zwiebelwürfel in einer Pfanne mit etwas Öl andünsten, den Knoblauch und die gewürfelten Tomaten dazu geben, umrühren und mit der Gemüsebrühe ablöschen.
Kurz aufkochen lassen, dann die Blumenkohlröschen dazu geben. Den Maisgries einrühren und ca. 10 Minuten leise köcheln lassen. Die Maispfanne als Beilage heiß servieren.

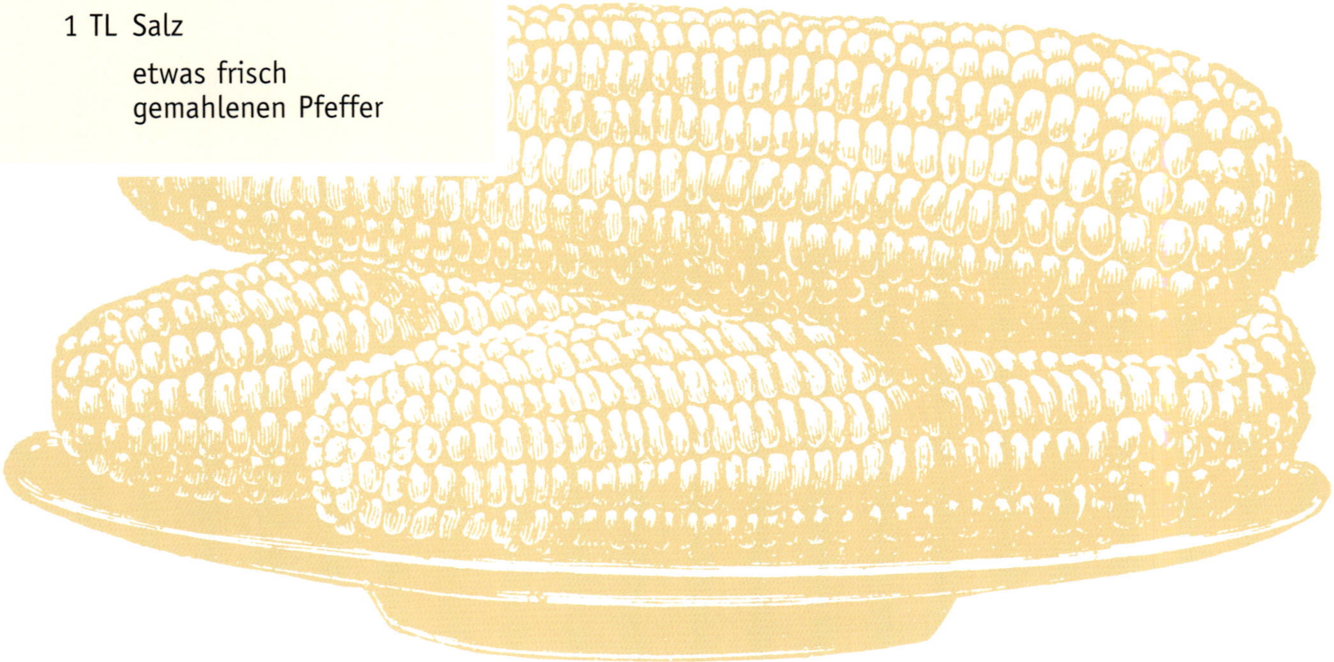

Maisschnitte

Für die Pfannkuchen

3/4 l	Gemüsebrühe
180 g	Maisgries
1 TL	Salz
1 Prise	Muskat
1 TL	Butter

Die Gemüsebrühe in einem Topf zum Kochen bringen, den Maisgries unter ständigem Rühren einrieseln lassen und ca. 5 Minuten leise köcheln lassen.
Mit Salz und Muskat würzen und die heiße Polenta in eine mit etwas Butter eingefettete Kastenform füllen.
Diese im Kühlschrank abgedeckt erkalten lassen.

Wenn die Polenta kalt ist, die Kastenform stürzen und den Maisgries in Scheiben schneiden.
Die Scheiben in etwas Butter von beiden Seiten goldgelb ausbacken und servieren.

Basilikum-Polenta

Zutaten

150 g	Polenta (Maisgries)
2	Fleischtomaten mit einem Messer einritzen, kurz überbrühen und die Haut abziehen
6	große Basilikumblätter waschen, klein schneiden
1	Zwiebel schälen, hacken
1	Knoblauchzehe schälen, fein hacken
50 g	geriebenen Parmesan
1 1/2 l	Gemüsebrühe
2 TL	Salz
	etwas frisch gemahlenen Pfeffer
1 EL	Arganöl

Die Zwiebeln in einer Pfanne mit Öl goldgelb anbraten, die Tomaten und den Knoblauch dazugeben, verrühren und mit der Gemüsebrühe auffüllen. Wenn diese kocht, die Polenta unter ständigem Rühren dazugeben und den Herd auf kleinste Stufe stellen. Den Parmesan einrühren und mit den Gewürzen abschmecken und servieren.

Mein Tipp: Die noch warme Basilikumpolenta in mit Butter ausgestrichene Förmchen füllen, stürzen und als dekorative Beilage servieren.

Rucola-Polenta

Zutaten

150 g	Polenta (Maisgries)
6 EL	Rucola waschen, klein schneiden
50 g	geriebenen Parmesan
1 1/2 l	Gemüsebrühe
1 TL	Salz
1 Prise	Muskat
	etwas Pfeffer aus der Mühle

Die Gemüsebrühe zum Kochen bringen und unter ständigem Rühren die Polenta langsam einrieseln lassen. Den Parmesan dazugeben und den Herd auf kleinste Flamme stellen. Die Polenta langsam quellen lassen. Mit den Gewürzen abschmecken und warm servieren.

Kräuter-Polenta-Ecken

Zutaten

3/4 l	Gemüsebrühe
150 g	Polenta (Maisgries)
1 EL	frisch gehackte Blattpetersilie
1 EL	frisch geschnittenen Schnittlauch
1 EL	frisch geschnittenen Kerbel
1 Stück	Butter
1 TL	Salz
	etwas Pfeffer aus der Mühle
1 TL	Palmöl

Die Gemüsebrühe in einem Topf zum Kochen bringen. Den Maisgries unter ständigem Rühren einrieseln lassen, den Herd auf kleinste Stufe schalten, die Kräuter untermischen und würzen. Eine kleine Kastenform mit Butter auspinseln und die noch warme Polenta einfüllen. Die Form in den Kühlschrank stellen, abdecken und erkalten lassen. Im erkalteten Zustand die Kastenform stürzen und die Polenta in ca. 2 cm dicke Scheiben schneiden, dann in Ecken schneiden. Die Kräuter-Polenta-Ecken mit etwas Öl in einer beschichteten Pfanne langsam von beiden Seiten goldgelb ausbacken und diese als Beilage zu Gemüse, Salat, Fisch- oder Fleischgerichten anrichten.

Rotkohl
mit Datteln

Zutaten

1	Rotkohl etwa 1 kg
7	Datteln Steine entfernen
1 TL	Zimt
2 EL	Honig
1 EL	Butter
1/8 Liter	Gemüsefond

Den Rotkohl waschen, halbieren und in dünne Streifen raspeln. Das geschnittene Rotkraut in einem Topf mit Wasser gar kochen. Die Brühe anschließend abschütten und das Rotkraut in eine Schüssel geben.

Die Butter in einer Pfanne schmelzen lassen, den Honig einrühren, die Datteln dazugeben und mit der Brühe ablöschen. Ca. 20 Minuten kochen lassen. Geben Sie nun das Rotkraut dazu und lassen das Kraut für weitere 10 Minuten leise köcheln. Zum Schluss mit dem Zimt abschmecken und als Beilage zu Fleisch servieren.

Rotkohl mit Feigen

Zutaten

1	Rotkohl etwa 1 kg waschen, in feine Streifen schneiden
2 EL	Gänseschmalz
2 EL	Honig
2 EL	Balsamico, dunkel
1/8 l	Gemüsefond
5	frische Feigen Stiele entfernen, klein würfeln
1 Prise	Salz

Geben Sie das Gänseschmalz in einen Topf, lassen es zerschmelzen, rühren den Honig ein, geben den Balsamico dazu und rühren alles gut um. Nun den Rotkohl dazugeben, rühren und mit dem Gemüsefond auffüllen. Der Kohl muss jetzt etwa 15 Minuten köcheln.
Nun die Feigen dazu geben, gut verrühren und für weitere 20 Minuten leise köcheln lassen.
Zum Schluss mit Salz abschmecken.
Fertig.

Weißkohl mit Äpfeln

Zutaten

1 kg	Weißkohl putzen und in feine Streifen schneiden
2 EL	Palmöl
2	kleine Zwiebeln schälen, fein würfeln)
2	Äpfel schälen, entkernen, fein würfeln
1 Prise	Salz
2 EL	Weißweinessig
1 TL	Kreuzkümmel
400 ml	Gemüsefond
2 EL	reiner Apfelsaft

Das Palmöl in einem Topf erhitzen und die gewürfelten Zwiebeln darin anschwitzen.
Den Kohl und die klein gewürfelten Äpfel dazu geben, gut umrühren, mit dem Fond und dem Apfelsaft auffüllen. Den Kümmel dazu geben und abgedeckt ca. 1 Stunde leise köcheln lassen. Bitte immer wieder gut umrühren.
Mit Salz abschmecken und als Beilage servieren.

Brokkoli
überbacken

Zutaten

300 g	Brokkoli
1/2 l	Wasser
1 Prise	Salz
1 Prise	Muskatnuss
	etwas frisch gemahlenen Pfeffer
1 Scheibe	Schafskäse

Backofen vorheizen

Die Stiele vom Brokkoli abschneiden und diesen in kleine Röschen teilen. Den Brokkoli in kochendes Salzwasser geben und ca. 10 Minuten bissfest köcheln. Nach der Kochzeit herausnehmen, in ein, mit etwas Butter ausgestrichenes Auflaufförmchen geben, den Käse darüber streuen und im vorgeheizten Backofen ca. 10 Minuten weiterbacken.
Dazu passen sehr gut Rösti.

Chinakohlgemüse
mit Reis

Zutaten

1	kleiner Chinakohl waschen, in Streifen schneiden
1 Tasse	Vollkornreis
200 g	Champignons waschen, in Scheiben schneiden
3 EL	Sojasahne
1/4 Liter	Wasser
1 TL	Salz
1 EL	Sojasoße
1 EL	Arganöl

Schritt eins: den Reis gar kochen. Dann den geschnittenen Chinakohl in einer beschichteten Pfanne mit etwas Öl anbraten, die Champignons dazugeben, umrühren und mit der Sojasoße ablöschen. Kurz danach das Wasser dazugeben und leise weiter köcheln lassen.
Den Reis untermischen und mit Salz abschmecken.

Fonds

Um Ihrem Essen eine frischere, gesündere und geschmacksintensivere Note zu verleihen, empfehle ich selbstgemachte Fonds. Um einen wirklich guten Fond zu erhalten, müssen folgende Punkte beachtet werden.

- *frische, biologische Zutaten, wie Gemüse, Fleisch und Knochen*
- *sehr viel Zeit (ein guter Fond benötigt Zeit)*
- *nicht zu viel würzen (lieber Nachwürzen)*
- *den Fond regelmäßig abschöpfen*
- *nur sieden, niemals sprudeln lassen*
- *den Topf nicht abdecken*

Sie können die Fonds immer auf Vorrat kochen.
Im Kühlschrank hält er sich 3-4 Tage und im eingefrorenen Zustand 2-3 Monate.
Einen Fond selbst herzustellen, benötigt viel Zeit, doch Sie werden den ganz besonderen Unterschied deutlich schmecken.

Fischfond

für ca. 2 Liter

3,5 Liter	Wasser
1 kg	Fischkarkassen grob gehackt
1/2 Liter	Wein
2 Stangen	Lauch waschen und in Ringe schneiden
2	Zwiebeln schälen, grob würfeln
1 Knolle	Fenchel waschen und vierteln
1 Bund	frische Blattpetersilie waschen
3	Lorbeerblätter
4	Nelken
1 TL	frischen Pfeffer
50 ml	Arganöl

Die Karkassen so lange unter fließendem Wasser waschen, bis das Wasser klar ist. Die Karkassen trocken tupfen. In einem hohen und großen Topf langsam in Öl andünsten. Die Karkassen dürfen keine Farbe annehmen. Geben Sei nun alle restlichen Zutaten - außer dem Wein - dazu und rühren Sie alles gut um. Nach ca. 5 Minuten löschen Sie das Ganze mit dem Weißwein ab, lassen den Sud mit den Karkassen zugedeckt ca. 15 Minuten köcheln und reduzieren die Hitze. Gießen Sie dann das Wasser dazu und lassen alles weiter ca. 1 Stunde köcheln. Auch hier den Schaum immer wieder abschöpfen. Nach der angegebenen Kochzeit den Fond durch ein Sieb, das mit einem dünnen Baumwolltuch ausgelegt ist, abschütten und langsam in einen anderen Topf austropfen lassen. Den Fond weitere 30 Minuten langsam auf niedriger Stufe köcheln lassen. Den Sud abkühlen lassen und diesen entweder in verschließbare Gläser füllen und im Kühlschrank aufbewahren oder diesen portionsweise einfrieren.
Der Fischfond eignet sich wunderbar für alle Basissoßen rund um den Fisch.

Dorade-Filet

mit grünem Spargel & Kartoffeln

Zutaten

4	Doradenfilets waschen, trockenreiben und mit Zitronensaft beträufeln
8 Stangen	grüner Spargel schälen und waschen
8	kleine Kartoffeln waschen
2 EL	Arganöl
	Saft einer halben Zitrone
1 Prise	Salz
	etwas frisch gemahlenen Pfeffer
1 EL	Butter

Die Kartoffeln in Salzwasser gar kochen, abkühlen lassen und pellen. Danach in Scheiben schneiden und in einer Pfanne mit etwas Butter backen. Den Spargel in Salzwasser mit etwas Butter bissfest kochen.

Die Doradenfilets in einer Pfanne mit etwas Butter und etwas Öl von beiden Seiten ausbacken, salzen und pfeffern.

Den Fisch zusammen mit den Kartoffeln und dem Spargel auf Tellern anrichten und genießen.

Dorade
mit Zitronensaft

Zutaten

1 große Dorade entschuppen, ausnehmen, waschen
1 EL Zitronenmelisse waschen, klein hacken
1 EL Salbei waschen, klein hacken
Saft einer Zitrone
1 Knoblauchzehe schälen
1 Zweig Thymian waschen
1 Zweig Rosmarin waschen
2 EL Olivenöl
1 Prise Salz
etwas frisch gemahlenen Pfeffer

Zutaten für die Soße

100 ml Fischfond
100 ml Sojabohne
Saft einer halben Zitrone
1 Prise Salz
etwas frisch gemahlenen Pfeffer
1 EL Zitronenmelisse
1 EL Butter

Den gesäuberten Fisch trockenreiben und diesen auf einem mit Backpapier ausgelegten Backblech legen. Den Fisch innen mit Öl, Salz und Pfeffer würzen und mit den Kräutern und dem Knoblauch füllen. Die Dorade außen ebenfalls mit Öl bestreichen. Salzen, pfeffern und mit Zitronensaft beträufeln. Den Fisch bei 170° C Umluft auf mittlerer Schiene für ca. 30 Minuten backen.
Zwischenzeitlich ein Stück Butter in einen Topf geben, zerlaufen lassen, die Zitronenmelisse einrühren und mit dem Fischfond und der Sojasahne auffüllen.
Die Soße leise köcheln lassen, bis sich diese auf die Hälfte reduziert hat. Anschließend mit Salz und Pfeffer abschmecken. Den Fisch auf einer Platte anrichten, die Soße dazugeben und mit Kartoffeln servieren.

Gebratene Seezunge mit Petersilien-Kartoffeln

Zutaten

1	große Seezunge
1	Zitrone
1 Prise	Salz
1 Prise	Pfeffer
1 EL	Butter
8	kleine Kartoffeln
1 Prise	Salz
1 EL	frisch gehackte Petersilie

Kartoffeln in Salzwasser gar kochen und pellen

Die Seezunge waschen und am Schwanzende mit einem Messer scharf in die Haut schneiden. Diese mit einem Küchentuch abziehen. Die Seezunge mit Zitronensaft beträufeln, mit Salz und Pfeffer würzen und in einer großen und beschichteten Pfanne von beiden Seiten ausbacken.

Die Seezunge von den Gräten befreien. Filetieren, mit der Bratenbutter beträufeln, die Kartoffeln mit der Petersilie bestreuen und servieren.

Kräuterforelle
mit Kohlrabi-Gemüse

Zutaten für 4 Personen

1	große Forelle
1/2 Bund	Dill waschen
1/4 Bund	Petersilie waschen
3	Thymianzweige waschen
3	Rosmarinzweige waschen
	Saft einer halben Zitrone
1 Prise	Salz
	etwas frisch gemahlenen Pfeffer

für das Kohrabigemüse

4	Kohlrabis schälen und in dünne Scheiben schneiden
300 ml	Gemüsebrühe
80 ml	Sojasahne
1 Prise	Salz
	etwas frisch gemahlenen Pfeffer
1 Prise	Muskatnuss
1 EL	frisch gehackte Petersilie

Die Forelle ausnehmen, waschen und trocken reiben. Den Fisch innen wie außen ölen, mit Zitronensaft beträufeln, salzen und pfeffern. Die Forelle in eine backfeste Form geben, innen mit den Kräutern füllen und im Backofen bei 180° C ca. 30 Minuten backen.

Die Kohlrabis in einem Topf mit der Gemüsebrühe ca. 10 Minuten köcheln. Die Gemüsebrühe bis auf eine kleine Menge abschütten, den Rest im Topf lassen. Die Sahne einrühren, mit den Gewürzen abschmecken und so lange weiter köcheln, bis das Gemüse gar ist.

Die Forelle filetieren, auf den Tellern verteilen, das Gemüse dazu geben und servieren.

Mein Tipp:
Dazu passen Rosmarinkartoffeln aus dem Ofen

Schollenfilets mit Kräuterrisotto

Zutaten

2	Schollenfilets
	Saft einer halben Zitrone
1 Prise	Salz
	etwas frisch gemahlenen Pfeffer
1 EL	Butter
1 EL	Arganöl
	Kräuterrisotto

Die Schollenfilets waschen, trocken reiben und mit dem Zitronensaft beträufeln. Die Filets salzen und pfeffern und in einer Pfanne mit Butter und Öl von beiden Seiten langsam ausbraten. Den Kräuterrisotto auf Tellern anrichten, den Fisch dekorativ dazu legen und sofort heiß servieren.

Kabeljau
mit frischem Wirsing & Kartoffeln

Zutaten

2 Scheiben	Kabeljaufilet waschen
1	Wirsing Strunk herausschneiden, waschen, klein schneiden
4 EL	Sojacuisine
5	große Kartoffeln schälen, waschen, würfeln
1 EL	klein gehackte Petersilie
2 EL	Butter
	Saft von einer 1/2 Zitrone
1 Prise	Salz
1 Prise	Muskat
	etwas Pfeffer aus der Mühle

Die Kartoffeln in Salzwasser gar kochen. Zwischenzeitlich den Wirsing in einem Topf mit Wasser gar kochen und nach der Kochzeit das Wasser abschütten und den Wirsing mit einem Stabmixer pürieren.

Mit Salz, Pfeffer und etwas Muskat abschmecken.

Das Kabeljaufilet trocken tupfen, mit Zitronensaft beträufeln, salzen, pfeffern und in einer Pfanne mit der Butter von beiden Seiten ausbraten. Mit der Sahne ablöschen, kurz aufköcheln lassen, würzen und sofort von der Herdplatte nehmen.

Die Kartoffeln abschütten und zusammen mit dem Fisch und dem Wirsing auf Tellern anrichten, die Soße darüber geben und mit Petersilie bestreuen.

Guten Appetit.

Fischspieße mit feiner Kräutersoße

Zutaten für die Spieße

400 g	Fischfilet
2 EL	Zitronensaft
2 EL	Olivenöl
1 TL	Salz
	etwas frisch gemahlenen Pfeffer

Zutaten für die Soße

8	schwarze Oliven entsteint
4	grüne Oliven entsteint
	Saft einer halben Zitrone
1	Knoblauchzehe schälen, klein hacken
4 EL	gehackte Blattpetersilie
3 EL	gehackter Kerbel
60 ml	Olivenöl, kaltgepresst
1 TL	Salz
	etwas frisch gemahlenen Pfeffer

Das Fischfilet in ca. 3 cm große Würfel schneiden.
Den Zitronensaft, das Öl, Salz und Pfeffer verrühren und die Fischwürfel darin mindestens 1 Stunde marinieren.
Dann auf Holzspieße stecken.
Zwischenzeitlich die Oliven klein hacken, die Petersilie, den Kerbel, die Knoblauchzehe, das Olivenöl in einer Schüssel mischen, mit Salz, Pfeffer und Zitrone abschmecken und zur Seite stellen.
Die marinierten Fischspieße in einer beschichteten Pfanne mit etwas Öl von beiden Seiten langsam braten. Wenn diese durch gebraten sind, die Soße dazu geben, kurz die Spieße darin schwenken und sofort servieren.

Dazu passt roter Reis oder Kartoffeln sehr gut.

Breite Reisbandnudeln

mit gebratenen Prawns

Zutaten

200 g	breite Reisnudeln in jedem guten Asia-Shop erhältlich
10	größere Prawns schälen, säubern, waschen
1/2 Becher	Sojasahne
	Saft einer 1/2 Zitrone
1 TL	gemahlenes Zitronengras
1 TL	gemahlener Ingwer
1 TL	rotes grobes Salz
1 EL	Sesamöl
1 EL	frisch gehackte Blattpetersilie
3 EL	Fischfond

Die Nudeln in Salzwasser gar kochen. Bitte beachten Sie, dass die Kochzeit dieser Reisnudeln ca. 15 Minuten benötigt. Zwischenzeitlich die Prawns in Sesamöl 1 Minute von beiden Seiten leicht anbraten. Würzen Sie diese mit dem Zitronengras, Salz und dem Ingwer, rühren um, entnehmen die Prawns aus der Pfanne und stellen diese zur Seite.

Füllen Sie nun in die gleiche Pfanne den Fischfond, Sojasoße und den Zitronensaft hinein, rühren alles gut um und lassen die Soße etwas einköcheln. Dann die Prawns dazu geben, gut verrühren und heiß über die Reisnudeln geben.

Mit Petersilie bestreuen und anrichten.

Fischragout

Zutaten

300 g	Seelachsfilet waschen, trocken reiben
1	rote Paprikaschote Kerne entfernen, waschen, würfeln
1	grüne Paprikaschote Kerne entfernen, waschen, würfeln
1	Karotte schälen, würfeln
1/2 Stange	Lauch waschen, in Ringe schneiden
2	große Kartoffeln schälen, waschen, würfeln
	ein wenig Zitronensaft
1/4 Liter	Gemüsebrühe
1 Prise	Salz

Fischfilet würfeln und mit Zitronensaft beträufeln.
Das geschnittene Gemüse und die Kartoffeln in einen Topf geben, mit der Gemüsebrühe auffüllen und so lange köcheln, bis das Gemüse al-dente und die Kartoffeln bissfest sind.
Geben Sie dann die Fischwürfel dazu und lassen alles noch weitere 10 Minuten köcheln.
Mit Salz abschmecken und servieren.

Jakobsmuscheln

auf Kartoffelpüree & Bärlauchbutter

Zutaten

8	Jakobsmuscheln waschen
1 EL	Bärlauchbutter
1 EL	Zitronensaft

Die Jakobsmuscheln trocken tupfen und mit Zitronensaft beträufeln. Die Muscheln in einer beschichteten Pfanne mit der Bärlauchbutter pro Seite ca. 2 Minuten langsam ausbacken. Die Muscheln mit Kartoffelpüree servieren.

Miesmuscheln

Zutaten

2,5 kg	Miesmuscheln putzen, waschen, offene Muscheln sofort wegwerfen
2 Stangen	Lauch waschen, in Ringe schneiden
200 g	Karotten schälen, waschen, würfeln
2	Knoblauchzehen schälen
1	Zwiebel schälen, vierteln
1/4 Liter	trockener Weißwein
2 Liter	Wasser
2	Lorbeerblätter
	Saft einer halben Zitrone
1 Prise	Salz

Mein Tipp: Muscheln sollten nur in den "R-Monaten" verzehrt werden, z.B. Januar, Februar, März usw.

Die gut gesäuberten Muscheln in einem hohen Topf mit 2 Liter Wasser, den Lorbeerblättern so lange köcheln, bis sich die Muscheln öffnen (Muscheln die nach dem Kochvorgang geschlossen bleiben, bitte unbedingt sofort wegwerfen).
Geben Sie jetzt etwas Öl in eine Pfanne, erhitzen dies leicht und dünsten darin den Lauch und die Karotten an und geben zum Schluss den Knoblauch dazu. Kurz umrühren, mit dem Weißwein ablöschen und so lange köcheln lassen, bis sich der Wein zur Hälfte reduziert hat.
Die Soße mit Zitronensaft, Salz und Pfeffer abschmecken, die Muscheln (ohne die Brühe) dazugeben und gut verrühren.
Auf tiefen Tellern anrichten und heiß servieren.

Vongole

Zutaten

500 g	Vongole
1 Bund	Blattpetersilie waschen, klein zupfen
1 EL	Olivenöl (kaltgepresst)
1 Prise	Salz
	etwas frischen Pfeffer aus der Mühle
1/2	Chilischote fein hacken
1 Päckchen	Tomaten mit Fruchtfleischstückchen
2	Knoblauchzehen schälen, achteln
	etwas Zitronensaft

Die Muscheln ca. 1 Stunde in kaltes Salzwasser legen (so entfernen Sie den Sand), anschließend mit klarem Wasser säubern. Das Olivenöl in einer tiefen Pfanne erhitzen und darin den Knoblauch schwenken (dieser darf nicht braun werden). Nun die Tomaten dazu geben, gut verrühren und die Muscheln mit in die Pfanne geben. Die Petersilie einrühren und alles so lange köcheln lassen, bis sich die Muscheln geöffnet haben (bitte auch hier unbedingt beachten, dass Muscheln, die sich nicht öffnen, aussortiert und weggeworfen werden müssen). Nun mit dem Zitronensaft, Salz, Pfeffer und den klein gehackten Chilischoten abschmecken und servieren.
Dazu passen am besten glutenfreie Spaghetti.

Rösti mit Lachs

Zutaten

8 Scheiben geräucherten Lachs

6 frische Schnittlauchhalme
waschen

Kartoffelrösti

Die Kartoffelrösti zubereiten und diese mit dem Räucherlachs dekorieren und mit Schnittlauch servieren.

Mein Tipp: Die Rösti mit Lachs mit etwas Sojacuisine anrichten. Lecker!

Mariniertes Lachscarpaccio

Zutaten

300 g	Lachsfilet ohne Gräten waschen
	Saft von einer halben Zitrone
	etwas frischen Schnittlauch waschen, trocken tupfen, eventuell klein schneiden
1 Prise	Salz
	etwas frischen Pfeffer aus der Mühle
3 EL	Olivenöl

Das gewaschene Lachsfilet mit einem Tuch trocken tupfen und mit einem langen und sehr scharfen Messer in hauchdünne Scheiben schneiden. Richten Sie die dünnen Lachsscheiben auf Tellern an und beträufeln diese mit Öl und Zitronensaft. Anschließend noch salzen und pfeffern.
Die fertig angerichteten Teller nun noch ca. 30 Minuten in den Kühlschrank stellen, so kann das Carpaccio noch etwas durchziehen.
Zum Schluss den frischen Schnittlauch darüber streuen und kalt servieren.
Dazu passt ein frisches und leckeres Buchweizenbrot.

Zutaten

2	Lachsfilets waschen
1 Bund	Dill waschen, klein hacken
1/2	Zitrone
1 Becher	Sojacuisine
1 TL	Salz
	etwas frisch gemahlenen Pfeffer
1 TL	Senf, mittelscharf
1 EL	Butter

Gebratener Lachs mit Dillsoße

Die gewaschenen Lachsfilets auf einem Küchentuch trocknen, anschließend in einer Pfanne mit Butter von beiden Seiten langsam goldgelb anbraten. Füllen Sie nun die Sojasahne hinein, rühren den Senf ein, geben den Dill dazu und lassen alles etwas einköcheln. Zum Schluss mit den Gewürzen abschmecken und mit Nudeln, Reis oder Kartoffeln servieren.

Büsumer Krabbensalat

Zutaten

250 g	Büsumer Krabben (auch Grill genannt)
1 Bund	Dill waschen, trocken tupfen, klein hacken
1 Bund	Radieschen waschen, klein hacken
1 EL	Weißweinessig
1 Spritzer	Zitrone
2 EL	Arganöl
1 Prise	Salz
	etwas frisch gemahlenen Pfeffern

Die Krabben waschen und in einer Schüssel mit dem Zitronensaft marinieren. Gut verrühren und alle restlichen Zutaten untermischen. Den Krabbensalat abgedeckt im Kühlschrank ca. 30 Minuten ziehen lassen. Dazu passen Pellkartoffeln oder auch gerne ein Stück getoastetes Brot.

Sie können die Fonds immer
auf Vorrat kochen.
Im Kühlschrank hält er sich 3-4 Tage
und im eingefrorenen Zustand
sogar 2-3 Monate.

Rinderfond

Zutaten

6 Liter	Wasser
1,5 kg	Rindfleisch zum Kochen
6	große Rinderknochen
3 EL	Tomatenmark
2	Zwiebeln schälen und grob hacken
2	Knoblauchzehen schälen und halbieren
6	Karotten schälen und würfeln
3 Stangen	Lauch waschen und in Ringe schneiden
3	Tomaten waschen und halbieren
2	Selleriestangen waschen und würfeln
1 Bund	frische Petersilie waschen und hacken
	etwas frischen Thymian und Rosmarin waschen
3	Lorbeerblätter
1 TL	Pfefferkörner
100 ml	Arganöl

Die Rinderknochen in einem sehr großen und hohen Topf mit dem Öl von allen Seiten gut anbraten. Die Zwiebeln dazugeben und ebenfalls anbräunen. Anschließend mit ca. 1 Liter Wasser ablöschen. Lassen Sie alles gut einköcheln, bis sich die Soße zur Hälfte reduziert hat.

Geben Sie jetzt das restliche Gemüse, die Kräuter und das Tomatenmark mit in den Topf und alles nochmal weitere 15 Minuten köcheln lassen, bevor Sie mit dem restlichen Wasser ablöschen. Der Schaum, der sich durch den Kochvorgang bildet, bitte regelmäßig abschöpfen.

Den Fond bitte auf kleiner Stufe ca. 4 Stunden köcheln lassen. Nach der Kochzeit die Knochen und das Fleisch herausnehmen und den Fond durch ein Sieb, das mit einem Tuch aus Baumwolle ausgelegt ist, in einen anderen Topf austropfen lassen. Den Fond nun weiterköcheln lassen, bis er eine dickflüssige Konsistenz hat.

Den Fond abkühlen lassen, in ausgekochte und wiederverschließbare Gläser füllen und in den Kühlschrank stellen.

Gefüllte Hühnchenbrust

Zutaten

2	Hühnchenbrüste waschen, trocken reiben
1	Tomate waschen, fein würfeln
100 g	Büffelmozzarella klein schneiden
2 EL	Tomatenmark
	50 ml Hühnerfond
1 Prise	Salz
	etwas frisch gemahlenen Pfeffer

Die Hühnerbrust in der Mitte quer einschneiden. Innen und außen salzen und pfeffern, mit dem Käse und den Tomaten füllen und mit kleinen Holzstäbchen verschließen. Die gefüllten Hühnerbrüste in einer beschichteten Pfanne mit dem Öl von beiden Seiten zart und schonend anbraten. Mit dem Fond auffüllen, das Tomatenmark einrühren und ca. 15 Minuten leise einköcheln lassen. Mit Salz und Pfeffer abschmecken und das Fleisch für weitere 15 Minuten schonend garen. Servieren Sie die gefüllten Hühnerbrüste mit einem leckeren Marktsalat und getoastetem Buchweizenbrot.

Mein Tipp:

Statt dem Büffelmozzarella kann auch Ziegen- oder Schafskäse verwendet werden. Dann bitte weniger salzen, da die beiden Käsesorten sehr salzhaltig sind.

mmmhh ...!

Wok-Gemüse

mit Hühnchenfleisch & rotem Reis

Zutaten

300 g	Hühnchenfleisch waschen, trocken reiben
1/2	Stange Lauch waschen, in Ringe schneiden
1	rote Paprikaschote entkernen, waschen und würfeln
1	weiße Zwiebel schälen, würfeln
100 ml	Gemüsefond
1/4	Chilischote klein hacken
1 Prise	Salz
	etwas frisch gemahlenen Pfeffer
1 EL	Arganöl
1 EL	Sesamöl
2 Tassen	roter Reis
1/2 Liter	Gemüsefond

Den Reis im Gemüsefond gar kochen.
Das Hühnchenfleisch in Streifen schneiden.
Den Wok heiß werden lassen, das Arganöl hineingeben und das Hühnerfleisch darin von allen Seiten anbraten.
Nun die Zwiebeln und das restliche Gemüse dazugeben, gut rühren und nach wenigen Minuten mit der Gemüsebrühe ablöschen.
Bitte immer wieder umrühren.
Alles mit Salz, Pfeffer und der gehackten Chilischote abschmecken. Kurz vor dem Anrichten, den roten Reis untermengen, das Sesamöl einrühren und heiß servieren.

Hühnchenbrust

mit Wirsinggemüse & Kartoffeln

Zutaten

4	kleine Hühnerbrüste
60 ml	Hühnerfond
1 TL	Salz
	etwas frisch gemahlenen Pfeffer
1 EL	Arganöl
	4 mittelgroße Kartoffeln schälen, waschen, würfeln
1 Prise	Salz
1 Kopf	Wirsing ca. 600 g
1 Prise	Salz
2 EL	Sojacuisine
1	Zwiebel schälen, klein schneiden
1 EL	Kartoffelmehl
1 Stück	Butter

Die Hühnerbrüste vom Fett befreien, waschen und trocken reiben, in einer Pfanne mit Öl von beiden Seiten anbraten, salzen und pfeffern und mit dem Hühnerfond ablöschen.
Den Herd auf niedrige Stufe stellen, die Pfanne mit einem Deckel verschließen und leise köcheln lassen.
Die zwei Wirsingblätter in kochendem Salzwasser kochen und kurz in eine Schüssel mit Eiswasser legen, herausnehmen und zur Seite legen. Die Kartoffeln in Salzwasser gar kochen. Anschließend restliches Wasser abschütten und die Kartoffeln warm stellen.
Von dem Wirsing die welken Blätter entfernen, den Strunk herausschneiden und 2 schöne Blätter zur Seite legen.
Den restlichen Kohl klein schneiden. Diesen in Salzwasser ca. 10 Minuten leicht kochen lassen. Zwischenzeitlich die gewürfelten Zwiebeln in einer kleinen Pfanne goldgelb anbraten. Wenn die Zwiebeln eine schöne Farbe haben, rühren Sie bitte das Kartoffelmehl ein. Gut umrühren.
Den Wirsing aus dem Wasser nehmen und mit einem Mixstab pürieren. Rühren Sie nun die Zwiebeln unter und würzen den Wirsing mit Salz.
Die Kartoffeln zusammen mit dem Fleisch auf Tellern anrichten und den pürierten Wirsing auf das aus frischen Wirsingblättern geformten Schüsselchen anrichten. Zum Schluss jeweils einen Esslöffel Sojacuisine auf den Wirsing geben. Fertig.

Zutaten

4	Hühnchenbrustfilets waschen, trocken reiben
2	Zucchinis waschen, würfeln
2	Karotten schälen und würfeln
1 Stange	Lauch putzen, waschen, in feine Ringe schneiden
6	Brokkoliröschen waschen, Stiele abschneiden
60 ml	Hühnchenfond

Hühnchenbrust
auf einem Gemüsebeet

Eine beschichtete Pfanne heiß werden lassen, das Öl dazu gießen und das Fleisch von beiden Seiten leicht anbraten. Das Gemüse mit in die Pfanne geben, umrühren, den Gemüsefond einfüllen und zusammen mit dem Fleisch ca. 15 Minuten andünsten. Mit Salz und Pfeffer abschmecken und auf Tellern anrichten. Dazu passt sehr gut Vollkornreis.

Putenkeule spanische Art

Zutaten

- 3 Putenkeulen
  waschen, trocken reiben
- 15 grüne Oliven ohne Stein
- 15 schwarze Oliven ohne Stein
- 1 Gemüsezwiebel
  schälen, klein würfeln
- 2 Lorbeerblätter
- 100 ml trockenen Weißwein
- 200 ml Sojasahne
- 100 ml Wasser
- 1 Prise Salz
- frisch gemahlenen Pfeffer aus der Mühle
- 1 EL Palmöl

Die Putenkeulen mit einem Fleischerbeil in jeweils 3 Teile hacken. Einen etwas höheren Bratentopf heiß werden lassen, das Öl dazu geben und die gehackten Putenkeulen darin gut anbraten. Bitte immer wieder das Fleisch wenden.
Die Zwiebeln dazu geben, ebenfalls anbräunen.
Wenn das Fleisch und die Zwiebeln schön braun sind, dann sofort mit dem Wein ablöschen und diesen ca. 15 Minuten einköcheln lassen. Nun die Lorbeerblätter dazugeben, mit dem Wasser auffüllen und weitere 45 Minuten köcheln lassen.
Nach der Kochzeit die Oliven dazu geben , mit Salz und Pfeffer würzen und weitere 10 Minuten leise köcheln lassen.
Die Sojasahne einrühren, 5 weitere Minuten köcheln lassen und mit Kartoffeln, Nudeln oder einem Vollkornreis servieren.

Putengeschnetzeltes

Zutaten

3	Putenschnitzel waschen, trocken tupfen
2	rote Paprikaschoten säubern, waschen, in Streifen schneiden
1/2	Gemüsezwiebel schälen, würfeln
50 ml	Sojacuisine
100 ml	Wasser
70 g	Ziegenfrischkäse
1/2 Bund	Petersilie waschen, trocken tupfen, klein schneiden
1 Prise	Salz
	etwas frisch gemahlenen Pfeffer
1 EL	Curry
200 g	Maisnudeln

Das Putenfleisch in feine Streifen schneiden und in einer Pfanne mit Öl und den Zwiebeln anbraten.
Die Paprikaschoten dazugeben, kurz mit anbraten, mit dem Wasser und der Sojacuisine ablöschen und gut verrühren.
Das Gericht bei geschlossener Pfanne ca. 20 Minuten leise köcheln lassen.
Zwischenzeitlich die Nudeln in Salzwasser al-dente kochen.
Rühren Sie nun den Ziegenfrischkäse in die Fleischsoße, schmecken mit den Gewürzen deftig ab und richten das Fleisch auf Tellern zusammen mit den Nudeln an.
Zum Schluss die klein geschnittene Petersilie darüber streuen und servieren.

Rosa gebratene Entenbrust auf Feigen-Rotkraut

Zutaten

400 g	Entenbrust
1 TL	Honig
1 Prise	Salz
	etwas frisch gemahlenen Pfeffer
1 EL	Palmöl
500 g	Rotkraut
	5 frische, reife Feigen waschen, vierteln
1/2	Apfel schälen, Kerngehäuse entfernen, würfeln
1	Lorbeerblatt
3-4	Gewürznelken
100 ml	Wasser
1 Prise	Salz
6	Kartoffeln

Backofen bitte vorheizen

Die Entenbrust waschen, trocken tupfen und die Haut kreuzweise einschneiden. Das Rotkraut waschen und putzen. Den Rotkrautkopf vierteln, den Strunk herausschneiden und das Kraut in feine Streifen schneiden. Das geschnittene Kraut im Wasser mit den Feigen, den Apfelstückchen, dem Lorbeerblatt und den Nelken gar kochen. Dann zur Seite stellen und warm halten.

Zwischenzeitlich die Kartoffeln waschen, in Salzwasser gar kochen, schälen und zur Seite stellen und ebenfalls warm halten.

Die Entenbrust in einer Pfanne mit dem Öl scharf anbraten (bitte zuerst an der Hautseite anbraten, dann wenden). Herd abstellen. Das Fleisch von beiden Seiten salzen und pfeffern, die Hautseite mit dem Honig bepinseln und für 10 Minuten bei 190° C im Backofen weiter ausbraten. Nach der Bratenzeit das Fleisch in dünne Scheiben schneiden.

Das Rotkraut gut umrühren, nicht ganz verkochte Feigenstücke entnehmen und das Kraut zusammen mit den Kartoffeln und der Entenbrust auf Tellern anrichten und servieren.

Lammgulasch
mit gebackenen Kartoffeln

Zutaten

500 g	Lammschulter
2	rote Paprikaschoten säubern, waschen, würfeln
1	Zwiebel schälen, würfeln
2	Karotten schälen, würfeln
3/4 l	Lammfond
2 EL	Tomatenmark
2 TL	Salz
	etwas Pfeffer aus der Mühle
1 TL	Paprikapulver, edelsüß
1 EL	Arganöl
6	kleine Kartoffeln
	ein kleines Stück Butter
1 Prise	Salz

Die Kartoffeln in Salzwasser gar kochen, restliches Wasser abschütten und die Kartoffeln abkühlen lassen.

Das Fleisch waschen, trocken reiben und in ca. 2 cm dicke Würfel schneiden. Öl in einer Pfanne erhitzen und das gewürfelte Fleisch zusammen mit den Zwiebeln anbräunen. Zwischenzeitlich immer gut umrühren.

Nun die Karotten und Paprikawürfel dazugeben, gut umrühren und mit 1/4 Liter Fond ablöschen. Den Fond reduzieren lassen und immer wieder etwas Lammfond dazugeben.

Diesen Vorgang so lange wiederholen bis der Fond komplett aufgebraucht ist. Wenn die Bratensoße eine etwas dickflüssige Konsistenz erreicht hat, das Tomatenmark einrühren und mit den Gewürzen abschmecken.

Gut verrühren und weitere 15 Minuten köcheln lassen.

Zwischenzeitlich die erkalteten Kartoffeln schälen, in Scheiben schneiden und in einer Pfanne mit etwas Butter goldgelb ausbacken. Salzen und zusammen mit dem Gulasch anrichten.

Bon appetit

Bohnen-Lammtopf

Zutaten

500 g	Lammfleisch waschen, trocken reiben, würfeln
2	Zwiebeln schälen, würfeln
2	Knoblauchzehen schälen, klein schneiden
4	große Kartoffeln schälen, waschen, würfeln
250 g	grüne frische Bohnen putzen, waschen
3	Tomaten waschen, vierteln
4 EL	Tomatenmark
1 EL	Arganöl
1 TL	Honig
3 EL	Sojasahne
1 Prise	Salz
	etwas frisch gemahlenen Pfeffer
1 TL	Kreuzkümmel
1/4	Chilischote
1/4 l	Lammfond

Das Öl in einem etwas höheren Topf erhitzen, das Fleisch und die Zwiebeln dazu geben und unter Rühren scharf anbraten. Mit etwas Lammfond ablöschen (Rest zur Seite stellen). Sobald der Fond reduziert ist, immer wieder etwas Fond dazu geben. Den Vorgang so lange wiederholen bis die 1/4 Liter Lammfond aufgebraucht sind. Geben Sie nun alle restlichen Zutaten (außer der Sahne) dazu und lassen alles so lange leise köcheln, bis das Fleisch und die Kartoffeln gar sind. Zum Schluss die Sahne einrühren, eventuell noch etwas mit Salz nachwürzen und sofort heiß anrichten.

Mein Tipp:
Lamm sollte unbedingt immer heiß verzehrt werden.

Zutaten

4	Lammkoteletts
3 TL	frisch gehackten Rosmarin
1	kleine Chilischote hacken
	1 Knoblauchzehe andrücken
1 EL	Arganöl
1 TL	Salz
	etwas frisch gemahlenen Pfeffer aus der Mühle
4	Kartoffeln schälen, waschen, würfeln
1 EL	frischen Rosmarin
1 EL	Arganöl
10 Stangen	grünen Spargel putzen, waschen
1 EL	Palmöl
	etwas frisch gemahlenen Pfeffer
1 Prise	Salz

Lammkoteletts
mit Rosmarin-Kartöffelchen & grünem Spargel

Die gewürfelten Kartoffeln in einer Pfanne mit Öl langsam anbacken. Den frischen Rosmarin einrühren, mit Salz und Pfeffer würzen und für 15 Minuten bei 160°C in den Backofen stellen.

Die Lammkoteletts waschen, trocken reiben, in dem Öl und Rosmarin wenden, salzen, pfeffern und in einer Pfanne unter Zugabe der Chilischote und dem angedrückten Knoblauch von beiden Seiten langsam ausbacken.

Die Spargel in einer Pfanne mit etwas Öl langsam anbraten, mit Salz und Pfeffer würzen.

Die Kartoffeln aus dem Backofen nehmen und zusammen mit den Koteletts und dem Spargel auf Tellern anrichten und sofort heiß servieren.

Lammlachse auf Kräuterrisotto

Zutaten

- 2 Lammlachse
- 1 TL Salz
- etwas frisch gemahlenen Pfeffer aus der Mühle
- 1 Knoblauchzehe
  andrücken
- 2 Rosmarinzweige
  waschen, trocken tupfen
- 1 EL Palmöl

Bitte kochen Sie als ersten Schritt den Kräuterrisotto, stellen diesen abgedeckt zur Seite und halten ihn auf kleinster Flamme warm.

Die Lammlachse waschen und trocken reiben. Heizen Sie eine Bratpfanne auf, geben das Öl dazu und braten das Fleisch von beiden Seiten gut an. Jetzt die Herdplatte kleiner schalten, die Rosmarinzweige und den angedrückten Knoblauch dazugeben und das Fleisch von beiden Seiten mit Salz und Pfeffer würzen. Lassen Sie das Fleisch in der abgedeckten Pfanne für weitere 15 Minuten garen.

Das Lamm nach der Garzeit zusammen mit dem Kräuterrisotto auf Tellern anrichten und heiß genießen.

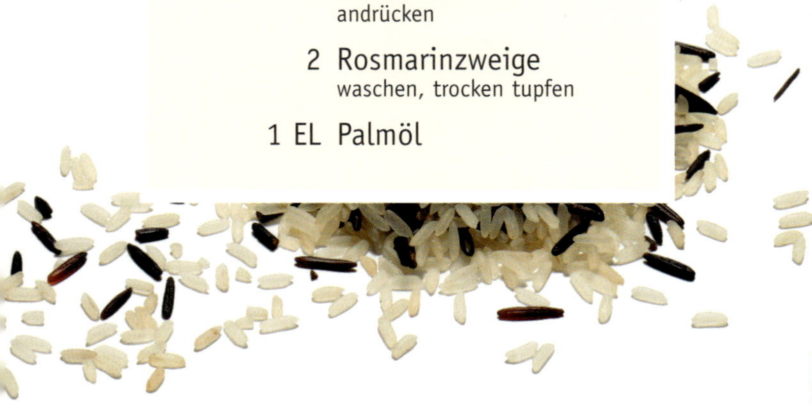

Geschmortes Lamm
aus dem Ofen

Zutaten

1 kg	Lammschulter
4	Karotten schälen, würfeln
2	Tomaten waschen, vierteln
2	Lorbeerblätter
2	Zwiebeln schälen, vierteln
2	Rosmarinzweige waschen, trocken reiben
2	Knoblauchzehen schälen
1 l	Lammfond
1 EL	Palmöl
1 Prise	Salz

Backofen bitte auf 160° C vorheizen.

Das Fleisch waschen, gut trocken reiben und in einem Bratentopf mit etwas Öl von beiden Seiten scharf anbraten. Zwiebeln, Karotten, Tomatenwürfel, Rosmarinzweige und die Lorbeerblätter dazugeben, ebenfalls anbraten, gut verrühren, die Knoblauchzehe dazugeben, umrühren und sofort mit 1/2 Liter Fond ablöschen. Den Bratentopf mit dem Deckel verschließen und so lange köcheln lassen, bis sich der Fond auf die Hälfte reduziert hat.
Zwischenzeitlich das Fleisch immer wieder wenden. Nun mit Salz und Pfeffer herzhaft würzen, den restlichen Fond aufgießen und den Topf verschlossen für mindestens 60 Minuten in den vorgeheizten Backofen stellen. Nach den 60 Minuten Schmorzeit das Fleisch herausnehmen und kurz zur Seite stellen. Die Soße durch ein feines Sieb in einen anderen Topf gießen und diese für weitere 10 Minuten köcheln lassen.
Zwischenzeitlich das Fleisch mit einem Elektromesser in Scheiben schneiden und nochmals kurz in die Bratensoße legen.

Dazu können Sie ein Gemüse Ihrer Wahl und Kartoffelrösti reichen.

Lammkrone
mit Kartöffelchen

Zutaten

800 g **Lammkrone**
Lamm-Karree, vom Metzger küchenfertig zubereiten lassen

3 **frische Thymianzweige**
waschen, trocken tupfen

3 **frische Rosmarinzweige**
waschen, trocken tupfen

1 TL **Salz**

etwas frisch gemahlenen Pfeffer aus der Mühle

3 **Knoblauchzehen**
andrücken

3 EL **Palmöl**

8 **kleine Kartöffelchen**
waschen

Backofen bitte vorheizen.

Das Lamm gut waschen, trocken reiben und mit Salz und Pfeffer würzen. Eine für den Backofen geeignete Bratpfanne heiß werden lassen, das Öl hineingeben und darin das Karree scharf anbraten. Den Herd jetzt abschalten.
Nun die Rosmarin- und Thymianzweige in die Pfanne legen, den angedrückten Knoblauch dazugeben und die Pfanne in den vorgeheizten Backofen für etwa 20 Minuten bei 160° C stellen.
Zwischenzeitlich die Kartöffelchen in Salzwasser gar kochen. Restliches Wasser abschütten. Die Lammkrone halbieren und zusammen mit den Kartöffelchen auf zwei Tellern anrichten und sofort heiß servieren. Gerne können Sie dazu auch einen Salat oder frisches Saisongemüse reichen.

Marinierte Lammspieße

Zutaten

3	Lammlachse
1	große Zwiebel schälen, würfeln
1	Thymianzweig waschen, trocken tupfen
1	Rosmarinzweig waschen, trocken tupfen
2	Knoblauchzehen schälen, klein schneiden
1 TL	Salz
	etwas frisch gemahlenen Pfeffer
2 TL	Paprikapulver, scharf
100 ml	Palmöl

Mein Tipp:
Dazu passen Kartoffeln und Gurkensalat oder einfach die Spieße auf dem Grill braten, verschiedene Dips und einen Salat dazu reichen.

Das Fleisch waschen, trocken reiben und in 3 x 3 cm dicke Würfel schneiden. Thymian- und Rosmarinzweig klein hacken und zusammen mit den Zwiebeln und dem Knoblauch in eine Schüssel geben. Das Öl darüber gießen und gut vermischen. Nun mit Salz, Pfeffer und dem Paprikapulver würzen, nochmals alles gut miteinander vermengen.

Das marinierte Fleisch wird nun für 24 Stunden abgedeckt in den Kühlschrank gestellt.
Am darauffolgenden Tag das marinierte Fleisch auf Spieße oder lange Holzstäbchen spießen und in einer Pfanne, ohne Zugabe von Öl, von allen Seiten anbraten.
Nach ca. 10 Minuten sind die Spieße rosa und zart gebraten.

Hackbällchen mit Schafskäse

Zutaten

300 g	Rinderhack
100 g	Schafskäse
1 Prise	Salz
	etwas frisch gemahlenen Pfeffer
1 Prise	Cayennepfeffer
	etwas Palmöl zum Ausbacken

Rinderhack und Schafskäse in einer Schüssel gut vermengen und mit den Gewürzen abschmecken. Dieses nun zu kleinen Bällchen formen und in einer Pfanne mit dem Öl ausbacken. Die Hackfleischbällchen auf einem Teller auskühlen lassen. Spießen Sie diese dann im ausgekühlten Zustand auf Holzstäbchen. Die Hackbällchen mit einem Dip Ihrer Wahl servieren.*

**bei Schafskäseunverträglichkeit alternativ Ziegenkäse verwenden.*

Rindertatar mit gebratenem Wachtelei

Zutaten

400 g	Rindertatar
3 EL	Kapern klein hacken
6	kleine Gürkchen aus dem Glas klein hacken
3 TL	Senf (gehäuft)
	etwas Tabasco je nach Schärfe
3	Wachteleier
1 Prise	Salz
	etwas frisch gemahlenen Pfeffer

Die fein gehackten Gürkchen und Kapern unter das Rindertatar geben und gut vermischen. Anschließend 1 Wachteleigelb in die Tatarmasse einrühren, mit den Gewürzen und dem Senf deftig abschmecken. Das Tatar dekorativ auf 2 Tellern anrichten und in den Kühlschrank stellen. Backen Sie nun die restlichen beiden Wachteleier in einer beschichteten Pfanne wie Spiegeleier aus und legen diese auf den Tatar.
Bitte sofort servieren.

Zutaten

- 400 g Rinderhack
- 1 Aubergine waschen, klein würfeln
- 2 Tomaten klein schneiden
- 1/2 rote Paprikaschote klein schneiden
- 1/2 grüne Paprikaschote klein schneiden
- 1/4 Stange Lauch putzen, waschen, klein schneiden
- 1 EL Tomatenmark
- 2 EL glutenfreies Paniermehl
- 2 Wachteleier
- 1 TL Salz
- etwas frisch gemahlenen Pfeffer
- 1 TL Oregano
- 2 EL Palmöl
- 2 EL Petersilie klein gehackt

Gemüse-Hackbraten

Die Auberginenwürfel in einer Pfanne mit etwas Öl anbraten. Das Rinderhack in eine Schüssel geben, die angebratenen Auberginenwürfel dazu geben und alle restlichen Zutaten miteinander vermengen. Bitte alles gut verkneten.
Dies geht am besten mit den Händen. Eventuell noch etwas nachsalzen. Nun eine Auflaufform mit Öl auspinseln, den Fleisch-Gemüseteig in die Form füllen und bei 200°C (Umluft) ca. 30-40 Minuten ausbacken.

Frikadellen
mit Kichererbsenmehl

Zutaten

500 g	Rinderhack
150 g	Kichererbsenmehl
1	Karotte schälen, fein hacken
1	Zwiebel schälen, fein hacken
1 Tasse	heißes Wasser
1 Prise	Salz
	etwas frischen Pfeffer
1 Prise	Muskat
1	Wachtelei
2 EL	Palmöl

Alle Zutaten (bis auf das heiße Wasser) in eine Schüssel geben, abschmecken und gut vermengen. Immer wieder etwas heißes Wasser dazugeben bis eine geschmeidige Masse entsteht, woraus Sie die Frikadellen formen können. Geben Sie das Öl in eine Pfanne und backen darin die Frikadellen langsam von beiden Seiten aus. Dazu passen Kartoffeln und ein grüner Salat.

Lauch-frikadellen

Zutaten

500 g	Rinderhack
2	Wachteleier
2 Scheiben	glutenfreies Brot vom Vortag
1/2	Stange Lauch putzen, waschen, klein schneiden
1 Prise	Salz
1 Prise	Muskat
1 EL	Arganöl

Weichen Sie das Brot in Wasser ein, drücken das Wasser aus dem Brot und zerbröseln dieses. Geben Sie das Rindertatar in eine Schüssel, mischen das zerbröselte Brot darunter und geben alle anderen Zutaten dazu. Gut vermischen. Formen Sie aus dem Fleischteig Frikadellen und braten diese in einer Pfanne mit etwas Öl von beiden Seiten langsam aus. Dazu empfehle ich ein Lauchgemüse und Salzkartoffeln.

Krautwickel

mit Kartoffeln

Zutaten

4	große Weißkohlblätter
400 g	Rinderhack
2	Wachteleier
1 EL	gehackte Blattpetersilie
1	kleine Zwiebel schälen, klein würfeln
200 ml	Rinderfond
3 EL	glutenfreies Paniermehl (in guten Reformhäusern erhältlich)
1 Prise	Salz
	frisch gemahlenen Pfeffer
1 Prise	Muskatnuss
1 EL	Palmöl
6	Kartoffeln waschen

Die Weißkohlblätter in Salzwasser weich kochen. Zwischenzeitlich das Hackfleisch mit den Zwiebeln, der Petersilie, dem Paniermehl, den Eiern und den Gewürzen in einer Schüssel gut vermischen. Nun den Fleischteig in die Weißkohlblätter geben, die Blätter zusammen rollen und mit einer Schnur befestigen.

Die Krautwickel in einer beschichteten Pfanne mit Öl von beiden Seiten langsam anbraten und immer wieder mit etwas Rinderfond auffüllen. Den Vorgang so lange wiederholen, bis der Fond aufgebraucht ist und die Soße eine etwas festere Konsistenz erreicht hat.

Zwischenzeitlich die Kartoffeln in etwas Salzwasser gar kochen und schälen.

Die Krautwickel zusammen mit den Kartoffeln heiß servieren.

Maisnudeln
mit Hackfleisch

Zutaten

300 g	Rinderhack
2 EL	Tomatenmark
1/2 l	Rinderfond
1	Zwiebel schälen, klein würfeln
1 Prise	Salz
	etwas frisch gemahlenen Pfeffer
2 EL	Palmöl
250 g	Maisnudeln

Die gewürfelten Zwiebeln zusammen mit dem Öl in einer Pfanne anbraten. Nun das Rinderhack dazu geben, gut verrühren und so lange braten, bis das Fleisch eine schöne, braune Farbe angenommen hat. Dann mit etwas Rinderfond ablöschen, etwas einkochen lassen und diesen Vorgang so lange wiederholen, bis der Rinderfond aufgebraucht ist. Nun das Tomatenmark einrühren, mit Salz und Pfeffer abschmecken und langsam weiter köcheln lassen. Zwischenzeitlich die Nudeln in Salzwasser al-dente kochen und abschütten. Die Nudeln auf tiefen Tellern anrichten, die Hackfleischsoße darüber geben und eventuell mit einem grünen Salat genießen.

Fleischspieße

Zutaten

- 500 g **Fleisch**
  z.B. Rind, Kalb, Pute
- 1 **rote Paprikaschote**
  säubern, waschen und in ca. 3 cm dicke Würfel schneiden
- 1 **grüne Paprikaschote**
  säubern, waschen und in ca. 3 cm dicke Würfel schneiden
- 2 **Zwiebeln**
  schälen und in ca. 3 cm dicke Würfel schneiden
- etwas Salz
- frisch gemahlenen Pfeffer
- 2 EL Palmöl
- 1/4 l Rinderfond
- 1 EL Kartoffelstärke

Das Fleisch waschen, trocken tupfen und in ca. 3 cm große Würfel schneiden. Das Fleisch abwechselnd mit den Paprikaschoten und Zwiebeln dekorativ auf Fleischspieße stecken. Die Spieße würzen und in einer Pfanne von allen Seiten mit Öl anbraten. Die Spieße herausnehmen und für ca. 15 Minuten in den vorgeheizten Backofen stellen. Den Rinderfond in die Bratenpfanne gießen, aufkochen lassen und mit der Kartoffelstärke unter ständigem Rühren andicken. Die Spieße aus dem Backofen nehmen, die Soße darüber geben und mit einer Beilage Ihrer Wahl servieren.

Rinderfiletspitzen mit Risotto

Zutaten

250 g	Rinderfilet
2 EL	Palmöl
1 TL	Salz
	etwas frisch gemahlenen Pfeffer

Das Rinderfilet waschen, trocken tupfen und in feine Streifen schneiden. Die Rinderstreifen in einer Pfanne mit Öl von allen Seiten scharf anbraten und mit dem Risotto anrichten. Bon appétit.

Rinderfilet mit Kartoffel-Püree

Zutaten

2	Rinderfilets waschen, trocken tupfen
100 ml	Rinderfond
3 EL	Arganöl
1 Prise	Salz
	etwas frisch gemahlenen Pfeffer
1	frischen Thymianzweig waschen, Nadeln abzupfen

Die Thymian-Nadeln in eine kleine Schüssel geben und mit 3 EL Öl übergießen. Mit Salz und Pfeffer würzen, gut verrühren und damit die Rinderfilets bestreichen. Die marinierten Filets in einer Pfanne von beiden Seiten anbraten und mit dem Kartoffel-Püree servieren.

Rinderfilet
mit rotem Reis & buntem Gemüse

Zutaten

2	Rinderfilets
1 Prise	Salz
	frischen Pfeffer aus der Mühle
1 EL	Palmöl

Für das bunte Gemüse:

3	Karotten waschen, schälen, würfeln
1	Aubergine waschen, würfeln
1	Zwiebel schälen, würfeln
1/4 l	Gemüsefond
1/2 Becher	Sojasahne
1 Prise	Salz
2 Tassen	roter Reis

Den Reis in einem Topf mit der Gemüsebrühe langsam köcheln bis er bissfest ist. Dann restlichen Fond abschütten und den Reis warm halten. Zwischendurch das gewürfelte Gemüse in dem Gemüsefond gar kochen. Bis auf eine Tasse Fond alles abschütten und die Sojasahne einrühren.

Mit Salz abschmecken und leise weiter köcheln lassen, bis die Soße etwas reduziert ist.

Die Rinderfilets waschen, trocken tupfen und in einer Pfanne mit Öl von beiden Seiten gut anbraten.

Nun alle Zutaten auf Tellern anrichten. Guten Appetit.

Rinderfilet
mit rosa Inka Salz & Rosmarinkartoffeln

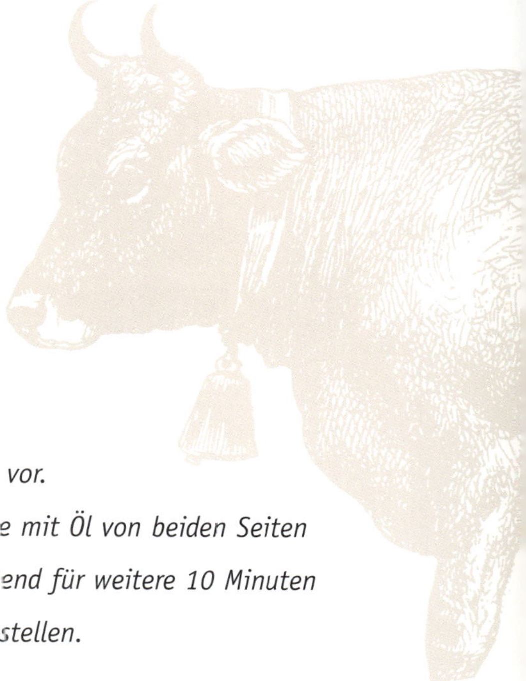

Zutaten

2	schöne Rinderfilets
3	Schalotten schälen, halbieren
2	frische Thymianzweige waschen
1 Prise	rosa Inka-Salz
	frischen Pfeffer aus der Mühle
1 EL	Palmöl

Bitte heizen Sie den Backofen vor.
Die Rinderfilets in einer Pfanne mit Öl von beiden Seiten scharf anbraten und anschließend für weitere 10 Minuten in den vorgeheizten Backofen stellen.
Mögen Sie das Fleisch lieber durch gebraten, so lassen Sie es 10 Minuten länger im Backofen. Die Rosmarinkartoffeln und das Fleisch auf Tellern anrichten, die Filets pfeffern, mit dem Inka-Salz würzen und heiß genießen. Dazu passt auch ein Gemüse oder ein Salat Ihrer Wahl.

Rinderbraten
mit Kräuterrösti & grünen Böhnchen

Zutaten

750 g	Rinderbraten waschen, trocken tupfen
1 Liter	Rinderfond
2	Zwiebeln schälen, vierteln
2	Thymianzweige waschen, trocken tupfen
1 TL	Salz
	etwas frischen Pfeffer aus der Mühle
1 EL	Palmfett

Für die Böhnchen:

250 g	Prinzessbohnen
1/2 l	Gemüsefond
	etwas frisches Bohnenkraut

Den Rinderbraten in einer Pfanne mit dem Palmfett von beiden Seiten scharf anbraten, die Zwiebeln dazu geben und ebenfalls anbräunen. Dann die Thymianzweige hinzugeben, kurz anbraten und sofort mit ca. 1/4 Liter Rinderfond ablöschen. Bitte immer wieder einköcheln lassen und immer wieder mit etwas Fond auffüllen. Die Soße und der Braten schmecken am besten, wenn Sie diese 2 Stunden unter ständiger Zugabe von etwas Rinderfond einköcheln lassen. Zwischenzeitlich die Bohnen in 1/2 l Gemüsebrühe al-dente kochen. Die Kräuterrösti zubereiten, ausbacken, den Rinderbraten mit einem scharfen Messer in Scheiben schneiden und zusammen mit den Böhnchen und den Rösti auf Tellern anrichten. Etwas Soße darüber geben und genießen.

Rindergulasch mit Nudeln

Zutaten

500 g	Rindergulasch
1	rote Paprikaschote säubern, würfeln
1	Zwiebel schälen, würfeln
2 EL	Palmöl
500 ml	Rinderfond
1 Prise	Salz
	etwas frisch gemahlenen Pfeffer
1 Prise	rotes Paprikapulver, edelsüß
250 g	Maisnudeln

Die Zwiebeln und den Gulasch in einer Pfanne mit Öl scharf anbraten und mit 100 ml Fond ablöschen. Bitte etwas einkochen lassen, dabei immer wieder mit Fond auffüllen. Nun die gewürfelten Paprika dazugeben und den Gulasch so lange weiter köcheln lassen, bis das Fleisch zart ist. Zwischenzeitlich die Nudeln in Salzwasser al-dente kochen, abschütten und auf den Tellern anrichten. Den Gulasch mit den Gewürzen abschmecken und über die Nudeln geben.

Mein Tipp: Sollte die Soße zu flüssig sein, binden Sie diese mit etwas Kartoffelmehl.

Leichtes und leckeres Sommergericht.

Kalbsrückensteak
mit Spinat & Kartoffelpüree

Zutaten

2	größere Kalbsrückensteaks waschen, trocken tupfen
1 Prise	Salz
	etwas frisch gemahlenen Pfeffer
2 EL	Palmöl
500 g	frischer Blattspinat waschen
1/2 l	Gemüsefond
	Kartoffelpüree

Zuerst den Backofen vorheizen.
Den gesäuberten Blattspinat in einem Topf mit Gemüsefond gar kochen. Zwischenzeitlich die Kalbsrückensteaks in einer Pfanne mit dem Palmöl von beiden Seiten scharf anbraten und für weitere 10 Minuten in den vorgeheizten Backofen stellen. Zum Schluss das Kartoffelpüree zusammen mit dem Spinat und den Kalbsteaks auf Tellern anrichten.

Kalbsschnitzel

mit einer Rucola-Zitronen-Soße

Zutaten

2	**Kalbsschnitzel** waschen, trocken tupfen und etwas flach klopfen
1/4	**Zitrone** auspressen
1 Becher	**Sojasahne**
1 Bund	**Rucola** waschen, trocken tupfen und klein hacken
1 Prise	**Salz**
	etwas frisch gemahlenen Pfeffer aus der Mühle
1 EL	**Palmöl**
1 EL	**Ziegenfrischkäse**

Bitte zuerst den Backofen vorheizen.
Die Kalbsschnitzel in einer Pfanne mit dem Palmöl von beiden Seiten jeweils 2 Minuten anbraten, aus der Pfanne nehmen und in den vorgeheizten Backofen stellen. Gießen Sie nun die Sojasahne in die Bratenpfanne, geben den Rucola dazu und lassen alles ca. 5 Minuten leise köcheln. Rühren Sie jetzt den Ziegenfrischkäse und den Zitronensaft ein, rühren gut um und schmekken alles mit Salz und Pfeffer ab. Zum Schluss die Kalbsschnitzel nochmal für eine Minute in die Soße legen, kurz aufköcheln lassen, dann anrichten.
Als Beilage passen sehr gut Kartoffeln, Reis oder Salbeinudeln.

Mein Tipp:
Dies ist ein sehr leichtes und leckeres Sommergericht.

Kalbstatar
mit Rösti

Zutaten

500 g	Kalbfleisch
125 ml	kalt gepresstes Olivenöl
1	eingelegte Sardelle ohne Gräten
2	Wachteleier kochen, abkühlen lassen, pellen und klein hacken
	Saft von 2 Zitronen
1 Prise	Salz
	etwas frisch gemahlenen Pfeffer
	etwas abgeriebene Zitronenschale

Das Fleisch gut waschen, trocken reiben und so klein wie möglich schneiden oder durch den Fleischwolf drehen. Mit den restlichen Zutaten vermischen und im Kühlschrank mindestens 4 Stunden ziehen lassen. Danach geben Sie das Tatar in zwei runde oder eckige Förmchen, ziehen die Form nach oben ab, streuen etwas abgeriebene Zitronenschale darüber und richten das Tatar zusammen mit den frischen Rösti auf zwei Tellern dekorativ an.

Kalbsleber

mit einer Apfel-Zwiebelsoße auf Kartoffelpüree

Zutaten	
3 Scheiben	Kalbsleber waschen, trocken tupfen
2	süßlich schmeckende Äpfel schälen, würfeln
2	Zwiebeln schälen, in Scheiben schneiden
1 Becher	Sojasoße
2 EL	Sojacuisine
1 TL	Salz
	etwas frisch gemahlenen Pfeffer
1 EL	Arganöl
1/4 l	Kalbsfond

Die Kalbsleber in Streifen schneiden und diese zusammen mit den Zwiebeln in einer Pfanne anbraten und mit dem Kalbsfond ablöschen. Ca. 20 Minuten leise köcheln lassen, dann die gewürfelten Äpfel dazugeben und weitere 10 Minuten köcheln lassen. Die Sojasoße und Sojacuisine einrühren, kurz aufkochen lassen, mit Salz und Pfeffer abschmecken und mit dem Püree auf Tellern anrichten.

Tafelspitz
mit Gemüse & Kartoffeln

Zutaten

1 kg Tafelspitz vom Kalb
2 Zwiebeln
schälen und achteln
150 g Knollensellerie
schälen, würfeln
3 Karotten schälen, würfeln
1 Petersilienwurzel
schälen, würfeln
2 Lorbeerblätter
1 Knoblauchzehe schälen
2 EL Petersilie klein hacken
etwas Salz
frisch gemahlenen Pfeffer

6 Kartoffeln
schälen, waschen

Den Tafelspitz in einem großen und hohen Topf mit den Zwiebeln, der Knoblauchzehe und den Lorbeerblättern ca. 2,5 Std. kochen lassen. Zwischendurch den Schaum immer wieder mit einem Schöpflöffel abschöpfen.

Zwischenzeitlich die geschälten Kartoffeln in Salzwasser gar kochen. Nach der 2,5 stündigen Kochzeit, das geschnittene Gemüse mit zu dem Fleisch geben, mit Salz und Pfeffer würzen und weitere 30 Minuten köcheln lassen.
Das Fleisch herausnehmen, in Scheiben schneiden und zusammen mit dem gekochten Gemüse und den Kartoffeln auf Tellern anrichten. Die Kartoffeln mit Petersilie bestreuen und genießen.

Mein Tipp:
etwas frischen und geriebenen Meerrettich über das Fleisch geben.

Kalbs-Medaillons

mit grünem und weißem Spargel, dazu Kartoffeln

Zutaten

100 g	grüner Spargel
200 g	weißer Spargel
1 Prise	Salz
	Saft von 1/4 Zitrone
4	Kalbsmedaillons
1 EL	Palmöl
10 g	Butter
100 ml	Fleischfond
80 ml	Sojasahne
1 Prise	Salz
	etwas frisch gemahlenen Pfeffer aus der Mühle
8 kleine	Kartöffelchen waschen

Den Spargel schälen und an den Enden etwa 2 cm abschneiden. Die Medaillons waschen, trocken reiben, salzen und pfeffern. Die Kartoffeln in Salzwasser gar kochen, schälen und warm halten.

Den Spargel in einem Topf in sprudelndem Salzwasser und dem Zitronensaft bissfest kochen, Spargelsud abschütten und die Spargel warm halten.
Zwischenzeitlich die gewürzten Medaillons in einer Pfanne mit dem Öl und der Butter von beiden Seiten anbraten. Anschließend den Fleischfond dazu gießen, etwas einköcheln lassen und mit der Sahne ablöschen. So lange köcheln lassen, bis das Fleisch gar ist und die Soße reduziert ist. Eventuell mit etwas Salz und Pfeffer nachwürzen.
Das Fleisch zusammen mit dem Spargel und den Kartöffelchen auf Tellern anrichten, die Soße darüber geben und sofort servieren.

Rote-Beete-Joghurt

Zutaten

2	rote Beete schälen und vierteln
1 Spritzer	Zitronensaft
2 EL	Soja-Joghurt
1 EL	Honig

Die rote Beete in einen Entsafter geben. Den Joghurt einrühren und mit dem Honig abschmecken. Kühl in Schälchen oder kleinen Gläsern servieren und genießen.

Mein Tipp:
Den Rote-Beete-Joghurt können Sie auch in Eiswurfelschälchen füllen, gefrieren lassen und im gefrorenen Zustand genießen.

Quark mit Beeren

Die Beeren säubern und waschen.
Gefrorene Beeren schonend auftauen.
Die Cuisine, die Schokolode, die Milch und den Honig in einen Mixer geben und cremig aufschlagen.
Die Beeren sanft unterheben und servieren.

Zutaten

100 g	frische oder gefrorene Beeren Ihrer Wahl
250 g	Soja-Cuisine
20 g	geriebene Bitterschokolade mit 85% Kakao
3 EL	Soja- oder Reismilch
2 EL	Honig

Obstsalat mit Mohnöl

Zutaten

1	Banane
1/2	Mango
10 g	Trauben
20 g	Erdbeeren
1	Apfel
1	Kiwi
1-2 EL	Mohnöl
2 EL	naturtrüber Apfelsaft

Das Obst schälen, waschen, klein schneiden und in eine Schüssel geben. Den Apfelsaft dazugeben und gut vermischen. Anschließend je nach Geschmack 1-2 EL Mohnöl darüber geben und anrichten.

Mohnöl wird aus frischem Blaumohn kalt gepresst gewonnen. Es hat ein zart-liebliches Aroma und eignet sich hervorragend für Obstsalate oder Müsli. Zum Braten ist das Öl allerdings ungeeignet.

Erdbeerquark

Mein Tipp:
Den Erdbeerquark können Sie auch alternativ in kleine Förmchen füllen und für 24 Stunden im Eisfach gefrieren lassen.

Zutaten

250 g	Erdbeeren
1 EL	Honig
100 ml	Sojasahne zum Aufschlagen

Die Erdbeeren säubern, waschen und halbieren. Die Sojasahne leicht aufschlagen, den Honig einrühren und zur Seite stellen.

Die Erdbeeren mit einem Stabmixer pürieren und unter die Sahne geben. Leicht umrühren und für ca. 20 Minuten in den Kühlschrank stellen. Kalt genießen.

Reis-Crêpes mit Schoko-Mandel-Bezug

Zutaten

100 g	Naturreis gemahlen
1 Prise	Salz
1 EL	Honig
3 EL	zerlassene Butter
250 ml	kohlensäurehaltiges Mineralwasser
1 EL	Palmöl

Alle Zutaten mit einem elektrischen Handrührer auf höchster Stufe rühren. Den Teig abgedeckt für etwa 30 Minuten im Kühlschrank ruhen lassen.
Den Teig in einer beschichteten Pfanne zu Crêpes goldgelb ausbacken. Zwischenzeitlich das Schoko-Mandelmus in einem kleinen Topf ganz langsam lauwarm erhitzen.
Die Crêpes zusammenrollen, mit den beiden Enden in das Schokomus eintauchen. Im Kühlschrank erkalten lassen oder gleich warm servieren.

Reiswaffeln

Mein Tipp: Zum Frühstück mit einer leckeren und zuckerfreien Marmelade genießen.

Zutaten

200 g	Vollkornreis
400 g	Vollkornreismehl wird im Reformhaus gemahlen
600-700 ml	Wasser
1 Prise	Salz

Den Reis bitte in Wasser gar kochen und das Wasser abschütten. Mischen Sie in einer Schüssel den gekochten Reis, das Salz, das Reismehl und das Wasser und verrühren alles gut. Den Teig unbedingt über Nacht quellen lassen.
Bitte mit einem feuchten Tuch abdecken. Den Teig können Sie dann am nächsten Tag wunderbar in einem mit etwas Butter ausgepinselten Waffeleisen ausbacken.

Äpfelmus

Zutaten

1 kg	süßlich schmeckende Äpfel schälen, entkernen, klein würfeln
100 ml	Wasser
1 EL	Butter
1 Prise	Zimt

Mein Tipp: Das Apfelmus schmeckt am besten, wenn es lauwarm serviert wird.

Die Butter in einem Topf zerlaufen lassen, die gewürfelten Äpfel dazu geben und ca. 5 Minuten in der Butter unter ständigem Rühren anschwitzen. Dann mit dem Wasser ablöschen und so lange köcheln lassen, bis das Wasser eingekocht ist. Die Äpfel mit einer Gabel zerdrücken und falls notwendig mit etwas Honig süßen. Das Apfelmus mit Zimt abschmecken und in wiederverschließbare Gläser füllen.

Gerstenwaffeln

Zutaten

400 g	gemahlene Gerste
4 EL	Mohn
700 ml	kohlensäurehaltiges Wasser
2 TL	Salz

Alle Zutaten in einer Schüssel verrühren und über Nacht abgedeckt quellen lassen. Falls notwendig am nächsten Tag noch etwas Mineralwasser dazugeben. Den Teig in einem Waffeleisen auf Stufe 3 langsam ausbacken.

Gersten-Reis-Waffeln

Zutaten

500 g	gemahlene Gerste
300 g	gemahlener Vollkornreis
2 TL	Palmöl
1 Prise	Salz
1 Liter	Mineralwasser
	etwas Butter

Alle Zutaten, außer der Butter, in einer Schüssel gut verrühren und über Nacht abgedeckt ruhen lassen. Am nächsten Tag den Teig in einem mit etwas Butter ausgestrichenem Waffeleisen ausbacken.

Maismehl-Buchweizen-Crêpes mit Mangofüllung

Zutaten

30 g	Maismehl
30 g	Buchweizenmehl
30 g	Maisstärke
1	Mango
1 EL	Honig
1 EL	Vollrohrzucker
1/4 TL	Weinsteinbackpulver
1	Gänseei
1/4 l	Sojamilch, lauwarm
1 EL	Arganöl

Alle Zutaten, außer dem Ei, in einer Küchenmaschine verrühren und 1 Stunde ruhen lassen.
Das Ei schaumig schlagen und nach der Ruhezeit unter den Teig rühren. Zwischenzeitlich die Mango schälen und klein schneiden. Den Crêpes-Teig in einer beschichteten Pfanne mit etwas Öl von beiden Seiten ausbacken.
Die Crêpes herausnehmen, mit der kleingeschnittenen Mango füllen und zum Schluss die Crêpes zusammenrollen und servieren.

Crêpes mit Erdbeermus

Für das Mus

150 g Erdbeeren
2 EL Honig

Für die Crêpes

25 g Maismehl
25 g Buchweizenmehl
25 g Kartoffelmehl
1 TL Honig
1 Gänseei
1/4 l Mandelmilch
1/2 EL Palmöl

Die Erdbeeren säubern, waschen und im Mixer pürieren. Den Honig einrühren und gut miteinander vermischen. Das Mus in eine Schüssel geben und für 2 Stunden in den Gefrierschrank stellen.

Alle Zutaten, bis auf die Eier, verquirlen und ca. 45 Minuten ruhen lassen. Zwischenzeitlich das Ei schaumig schlagen und sanft unter den Teig heben. Etwas Öl in eine Crêpes-Pfanne geben, warm werden lassen und mit Hilfe einer Kelle den Teig dünn in die Pfanne geben.
Auf beiden Seiten langsam goldgelb ausbacken.
Nach der Gefrierzeit das Mus herausnehmen und mit Hilfe eines Löffels die Crêpes damit füllen.
Die Crêpes zusammenrollen und servieren.

Birnenpfannkuchen

Zutaten

100	g	Maismehl
50	g	Reismehl
30	g	Kartoffelmehl
1		Gänseei
100	ml	Waser
100	ml	Mandelmilch, Reismilch oder Sojamilch
50	g	roher Rohrzucker
1/2	EL	Palmöl
3		Birnen

Das Ei verquirlen, Mehl und Zucker einrühren und cremig schlagen. Während des Rührens die Milch und das Wasser abwechselnd langsam einlaufen lassen.
Zum Schluss das Öl dazugeben, kurz rühren und den Teig ca. 20 Minuten ruhen lassen.
Zwischenzeitlich die Birnen schälen und in feine Scheibchen schneiden. Diese dann unter den Teig heben und leicht mit einem Löffel verrühren. Den Teig mit Hilfe eines Löffels in einer beschichteten Pfanne mit wenig Öl von beiden Seiten langsam goldgelb ausbacken.

Apfelkuchen im Glas (!)

Zutaten

125 g	weiche Butter
125 g	roher Rohrzucker
2	Gänseeier
170 g	Maismehl
80 g	Reismehl
10 g	Kartoffelmehl
1/2 Päckch.	Weinsteinbackpulver
5	Äpfel schälen und in feine Scheiben schneiden
125 ml	Mandelmilch

Backofen bitte vorheizen

Die Butter zusammen mit dem Zucker schaumig rühren. Die Eier dazugeben und cremig schlagen. Nun das Mehl und das Backpulver dazugeben und nach und nach die Milch langsam einlaufen lassen.
Die in Scheiben geschnittenen Äpfel unter den Teig heben. Das Glas mit Butter auspinseln, den Teig in das Glas füllen und für 45-50 Minuten im vorgeheizten Backofen bei 175°C ausbacken. Ob der Kuchen gut durchgebacken ist, lässt sich gut mit einem Holzstäbchen testen. Wenn kein Teig mehr daran kleben bleibt, ist der Kuchen fertig. Den Kuchen lauwarm abkühlen lassen und das Glas verschließen. Kuchen im Glas hält sich ungeöffnet ca. 6-8 Wochen.

Bananen-Marmorkuchen im Glas (!)

Zutaten

150 g	Reismehl
75 g	Maismehl
75 g	Kartoffelmehl
1 Päckchen	Weinsteinbackpulver
150 g	Butter
100 g	roher Rohrzucker
2	Gänseeier trennen
60 ml	Mandel-, Reis- oder Sojamilch
2 EL	Kakaopulver
4	reife Bananen

2 Einweckgläser à 500 ml
Backofen vorheizen

Die Mehlsorten und das Backpulver in einer Schüssel vermengen. Die reifen Bananen schälen und mit einem Mixer pürieren und zur Seite stellen.

Die Butter mit einer Rührmaschine schaumig rühren, den Zucker dazugeben und gut verrühren. Die Eigelbe hinzufügen und alles cremig schlagen. Das Eiweiß mit einem Schneebesen oder einem Rührgerät zu Schnee schlagen.

Die Mehlsorten mit dem Backpulver, in die Rührmaschine, zu der Buttermischung geben und langsam während des Rührens die Milch einlaufen lassen.

Nun die pürierten Bananen dazu mischen und das Rührgerät anschalten. Den Eischnee sanft unter den Teig heben und diesen in die mit Butter ausgestrichenen Gläser zu 3/4 füllen. Den Kuchen im vorgeheizten Backofen ca. 50 Minuten bei 170°C ausbacken (Gläser offen lassen).

Auch hier können Sie mit Hilfe eines Holzspießchens testen, ob der Kuchen richtig ausgebacken ist.

Mein Tipp …
Bitte kochen Sie die Gläser aus, bevor Sie den Teig einfüllen.

Buchweizenpfannkuchen mit Kokosfüllung

Für die Pfannkuchen

200 g Buchweizen, gemahlen
400 ml Wasser
1 TL Salz

Für die Füllung

100 g Kokosflocken
2 EL Kokosmilch
1 EL Honig
1 EL Palmöl zum Ausbacken

Für die Pfannkuchen das Mehl und Salz in einer Schüssel verrühren, das Wasser einlaufen lassen und mit einem Schneebesen schaumig schlagen. Den Teig bitte 20 Minuten ruhen lassen.
Zwischenzeitlich die Kokosmilch in einem kleinen Topf erhitzen, den Honig einrühren und kurz einkochen lassen. Nun die Kokosflocken dazugeben, verrühren und von der Herdplatte nehmen. Den Pfannkuchenteig langsam in einer beschichteten Pfanne mit etwas Palmöl dünn ausbacken. Diese mit der Kokoscreme bestreichen, zusammenrollen und kalt stellen. Nach ca. 20-30 Minuten genießen.

Marmeladen

Aprikosen-Mango-Marmelade

Zutaten

250 g	getrocknete Aprikosen waschen
	2 reife Mangos schälen, Steine entfernen, würfeln
3/4 Liter	Wasser
1 Prise	Zimt

Die Früchte in einen Topf mit Wasser geben und etwa 2 Stunden leise köcheln lassen. Restliches Wasser nach der Kochzeit abschütten. Das weich gekochte Obst mit einem Mixer pürieren und mit Zimt abschmecken.
Füllen Sie die Marmelade in verschraubbare Gläser und stellen diese in den Kühlschrank.

Fruchtmarmelade

Zutaten

500 g	Früchte Ihrer Wahl
3/4 Liter	Wasser
1/4 Liter	Birnen- oder Apfeldicksaft

Saft von einer halben Zitrone oder einer halben Limone

7 g	Apfelpektin

Die Früchte säubern, waschen und in einem Topf mit dem Wasser weich kochen. Das gekochte Obst anschließend durch ein feines Sieb drücken.
Den Apfel- oder Birnendicksaft mit dem Zitronensaft und dem Pektin in einen Topf geben und verrühren.
Unter ständigem Rühren aufkochen lassen. Geben Sie nun die Früchte dazu und lassen alles weitere 5 - 10 Minuten köcheln. Bitte jetzt die Gelierprobe machen.
Wenn die Marmelade ihre gewünschte Konsistenz erreicht hat, diese dann umgehend in ausgekochte Einweckgläser füllen und kalt stellen.

Schoko-Mandelmus-Aufstrich

Zutaten

80 g	Mandeln, gemahlen
120 g	Butter (Zimmertemperatur)
50 g	Honig, flüssig
3 EL	dunklen Kakao
1 EL	Arganöl

Alle Zutaten in einer Küchenmaschine oder einem Mixer cremig schlagen. In Schüsselchen füllen, kühl stellen und genießen.

Dattelmus mit Mandeln

Zutaten	
200 g	Datteln entsteinen
100 g	gemahlene Mandeln
1 EL	Kokosmilch
1 TL	Zimt
1/4 Becher	Soja-Sahne

Die Datteln über Nacht in Wasser einweichen und am nächsten Tag in kleine Würfel schneiden. Einweichwasser abschütten. Die klein geschnittenen Datteln zusammen mit den anderen Zutaten mit einem Stabmixer pürieren.

Mein Tipp: Wenn Sie die Sahne nach und nach zugeben, so können Sie die Dicke von dem Mus selbst bestimmen.

Aprikosenaufstrich

Zutaten

20	getrocknete Aprikosen
6 EL	gemahlene Makadamia Nüsse
200 ml	Wasser

Die Aprikosen über Nacht im Wasser einweichen. Am nächsten Tag das Einweichwasser wegschütten und die Aprikosen klein schneiden. Diese nun mit einem Stabmixer pürieren, die gemahlenen Nüsse einrühren, nochmals pürieren, in Gläser füllen und kalt stellen.

Feigenaufstrich

Zutaten

8	getrocknete Feigen
1 EL	gemahlene Walnüsse
1 Prise	Zimt
1 EL	Wasser

Die Feigen über Nacht in Wasser einweichen.
Die harten Stiele am nächsten Tag abschneiden und die Feigen mit einem Stabmixer pürieren.
Nach Bedarf noch 1 EL Wasser dazugeben.
Nun die gemahlenen Walnüsse und den Zimt unterrühren.

Lecker!

Mangomus

Zutaten

2	reife Mangos schälen, Steine entfernen, würfeln
	Saft einer 1/4 Zitrone
2 EL	Honig

Alle Zutaten in einem Mixer cremig aufschlagen.
In Gläser füllen und im Kühlschrank aufbewahren.

Mein Tipp:
Mangomus können Sie zu allen süßen Pfannkuchen oder Crêpes servieren.

Register

Danke !

Mein ganz besonderer Dank geht an all die Personen,

die mich tatkräftig sowie mental unterstützt haben!

Ohne Eure Unterstützung wäre es gar nicht möglich gewesen,

dieses Kochbuch zu schreiben.

Ich danke Euch von Herzen
Eure